Hafis | Gedichte aus dem Diwan

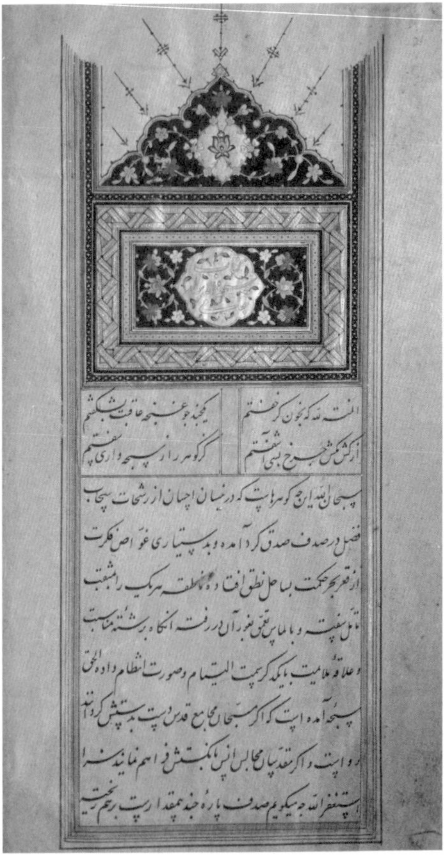

Anfangsseite einer Handschrift des *Diwan*,
Persien, 16. Jahrhundert

Muhammad Schams ad-Din Hafis

Gedichte aus dem Diwan

Ausgewählt und herausgegeben von
Johann Christoph Bürgel

Reclam

Erste Auflage dieser Ausgabe 1972, revidiert 2016
Durchgesehene Ausgabe 2019
Umschlaggestaltung: zero-media.net
Umschlagabbildung: FinePic®
Bildnachweis S. 2: © Roland and Sabrina Michaud / akg-images
Druck und buchbinderische Verarbeitung:
Friedrich Pustet GmbH & Co. KG,
Gutenbergstraße 8, 93051 Regensburg
Printed in Germany 2024
RECLAM ist eine eingetragene Marke
der Philipp Reclam jun. GmbH & Co. KG, Stuttgart
ISBN 978-3-15-011220-5
www.reclam.de

FSC
www.fsc.org
MIX
Papier | Fördert
gute Waldnutzung
FSC® C014889

Gedichte aus dem Diwan

I

Greife nach dem Glas, das Freuden ist geweiht, 1
und komm:
Unerblickt vom Wächter, meide jeden Streit
und komm!
Horch dem Feind nicht, der dich heißet bleiben
und nicht gehn;
Horch nur mir, der: Auf! dir sage, sei bereit
und komm!

Noch währt die Zeit der Jugend, das Beste ist nur Wein; 2
Das Beste für Betrübte ist: wüst und trunken sein.
Die Welt ist wüst vom Scheitel bis zu der Füße Rand:
Das Wüstsein ist das Beste in einem wüsten Land.

3

Einen Rat will ich dir geben,
zaudre nicht, hör zu!
Alles, was dein Freund und Mahner
raten wird, das tu!

Such im Kusse junger Wangen
flüchtigen Genuss,
Weil man vor der List der Alten
Welt doch flüchten muss.

Jene Welt ist »Große Gabe«,
diese »Habe klein«:
Du erstrebe beider Labe
in der Lieb' allein!

Komm und stimm zum Spiel die Saiten,
holder Freund, auf dass,
Weil ich sage meine Klage,
kling' Diskant und Bass!

Bin gewillt, dass ich nicht zechen
mehr noch freveln werd,
So nur mir nach Wunsch und Rechnung
das Geschick verfährt.

Hat man nicht die Schicksalsbriefe
ohne uns versandt?
Wenn wir nun nicht ganz befrieden,
sei du kein Pedant!

Schenke mit den Tulpenwangen,
reich den Moschuswein,
Denn das Moschusmal auf Tulpen
nahm das Herz mir ein.

Reich den Kelch, drin Perlen schäumen,
Schenke, Dank erwirb!
Sag dem Neider: Sieh den Adel
Asafs an und stirb!

Hundertmal ließ reuentschlossen
ich den Becher stehn;
Doch mein Schenke lässt im Plänkeln
keinen Fehltritt sehn.

Vierzehn Jahre zählt mein Schätzchen,
zwei mein Rebenkind;
Mir genügt's, wenn Jung' und Alte
so beisammen sind.

Denn wer nimmt des aufgewühlten
Herzens sonst sich an?
Sagt's dem von den Ketten wunden
liebesirren Mann!

Und zum Schenken nichts von Reue,
Hafis, um dein Heil!
Krümmt er seine Brau'n zum Bogen,
tötet dich sein Pfeil.

Gesegnet sei, o Schenke, 4
des Festes Ankunft dir,
Und was du hast versprochen,
gedenke dessen mir.

Bring an das Kind der Rebe
den Gruß: komm aus der Haft!
Erlöst nun hat dich unsrer
Gebete Zauberkraft!

Darüber muss ich staunen,
wie lange Tage du
Dein Herz uns hast entzogen;
wie gab dein Herz es zu?

Der Böse Blick sei ferne!
Nun bringt dich uns zurück
Ein glänzender Geburtsstern
und angebornes Glück.

Die Freude der Gesellen
weckt deines Nahens Fuß,
Und wer sich dein nicht freuet,
dem bleibe der Verdruss!

Hafis, gib aus den Händen
dies Noah-Schifflein nicht!
Sonst geht in dieser Sündflut
dein Lebensbau zunicht'.

5

Wer beschreibt die Leiden eines
Herzens, heiß von Blut?
Wer entreißt das Blut des Kruges
aus des Himmels Hut?

Scham befalle der Narzisse
trunknes Aug' im Lenz,
Wenn der Blick von Weinanbetern
schimmernd auf ihr ruht!

Nur der weise Fassbewohner,
Freund Diogenes,
Nur der Wein kann uns begaben
mit der Weisheit Gut.

Wer wie Tulpen rotgefüllte
Kelche kreisen ließ,
Reinige von diesem Frevel
sich mit Rebenblut!

Hat die Harfe hinterm Vorhang
Klagen angestimmt,
Reiße man ihr aus die Haare,
dass sie's nimmer tut!

O mein Herz wird knospenselig
weit entfalten sich,
Wenn im tulpenfarbnen Becher
duftet Traubenglut.

Bis zum Tode möchte Hafis
    kreisen auf dem Kopf
Um des Weinkrugs heilig-hehre
    Kaaba voller Mut!

Jetzt, da die Rose aus dem Nichts **6**
ins Dasein tritt, zum Schmuck der Auen,
In Demut kaum das Veilchen wagt
zur Herrlichen emporzuschauen –

Sollst Du am Morgenwein Dich freun
bei Paukenschall und Harfenklange,
Bei Flötenhauch und Feuerkuss
an junger Schönheit Dich erbauen.

Genieß des Lebens Rosenzeit
bei Spiel und Sang, im Glück der Liebe.
Nicht über eine Woche Frist
kannst Du der Herrlichen vertrauen!

Von Blumen glänzt die Erde nun,
gleichwie der Himmel glänzt von Sternen,
Drum kann ich gute Zeiten nur
auf Erden wie am Himmel schauen.

Lasst uns im Land den Feuerdienst
erneu'n des alten Zoroaster,
Jetzt, da das Feuer Nimrods selbst
aus Tulpen schlägt in allen Gauen.

Trink Wein, kredenzt von schöner Hand,
der neu belebt wie Jesu Odem,
Denk nicht an Ad und an Thamud,
die Gott verstieß in ewiges Grauen.

Durch Lilienglanz und Rosenglut
  ward nun die Welt zum Paradiese,
Doch über solcher Herrlichkeit
  nie lange will der Himmel blauen.

Die Rose reitet auf dem Wind
  wie weiland Salomo, der König,
Und – gleichwie David – Psalmen singt
  die Nachtigall, voll Gottvertrauen.

Leer' den Pokal auf Mahmuds Wohl,
  des wahren Glaubens starke Säule,
Den neuen Assaf Salomos –
  nie zucke Gram um seine Brauen.

Nichts, Hafis, mangelt deinem Glück
  in seiner Gnade Schirm und Schatten,
Drum bitte Gott, du mögest nie
  ein Ende seiner Herrschaft schauen.

Bringt Wein her! Hafis, hoff auf Den,
  der stets Erbarmen dir erwiesen,
Und voll Erbarmen immerdar
  wird Segen auf dich niederschauen.

7

Ein Liebchen heißen Bluts, ein Sänger, eine Flöte,
Ein Fässchen Wein, ein Ort, der still und ruhig sei! –
Und glüht mir dann der Wein durch Adern und
durch Nerven,
Begehre ich kein Korn von einem Hatem Tai.

8

Jetzt, da wie Paradieses Hauch
die Luft vom Garten mich umfächelt,
Freu ich des Weins mich, da mir auch
der Liebsten Auge wieder lächelt.

Der ärmste Bettler in der Welt
steht heute keinem König nach:
Der Wolke Schatten ist sein Zelt,
der Saatenrain sein Prunkgemach.

Die grüne Flut erzählt vom Fest
des Frühlings wunderholde Mären –
Ein Tor, wer Sichres fahren lässt,
um bloß von Hoffnung sich zu nähren.

Erbaue dich am Weine, Freund –
wirst du der Moderwelt zum Raube,
So backt sie Ziegelsteine, Freund,
nach deinem Tod aus deinem Staube.

Zähl auf des Feindes Treue nicht:
nie wird's in deinem Kopfe helle,
Suchst du bei einem Kirchenlicht
Erleuchtung deiner Klausnerzelle.

Und droh mir nicht mit ewigem Fluch,
weil ich's ein wenig weit getrieben:
Wer weiß denn, was im Schicksalsbuch
und auf der Stirn uns steht geschrieben?

Oh, lenkt nicht von Hafisens Grab
    die Schritte: ob sich's auch erwiese,
Dass er voll Sünden sank hinab:
    Er geht doch ein zum Paradiese!

9

Ich, und dem Wein entsagen!
  was soll das Sagen sein?
Sollt' ich so unverständig
  in alten Tagen sein?

Der ich mit Pauk' und Zimbel
  den Heilsweg brach bei Nacht,
Sollt' ich des Wegs nun kriechen?
  was soll das Sagen sein?

Ganz schlug ich noch zur Schenke
  nicht ein den rechten Weg;
Ganz muss erst in den Wind recht
  die Scheu geschlagen sein.

Fehlt dieser Weg dem Frommen,
  entschuldigt ihn! Der Weg
Wird ohne Gottes Leitung
  nicht einzuschlagen sein.

Ich bin der Knecht des Wirtes,
  der mich von Wahn befreit;
Was unser Herr uns auflegt,
  das wird zu tragen sein.

Der Frömmling und sein Beten,
  ich und mein Rausch, wer weiß,
Wem Gnade wird zu schenken,
  wem zu versagen sein!

Nachts ließ es mich nicht schlafen,
dass ein Gelehrter sprach:
»Wenn Hafis wieder zechet,
wird Grund zu klagen sein.«

II

10

Gib mir jenen Wein, den alten,
der dem Landmann Kraft verleiht,

Denn ich will mit neuem Saume
zieren mir des Lebens Kleid.

Mach mich trunken und entfremde
mich der Welt, auf dass ich dann

Dieser Welt verborgne Dinge
dir berichte, edler Mann!

11

Jüngst vom Tempel zog zur Schenke
unser Prior – welch Gebaren!
Ordensfreunde, sagt, wie soll'n nach
diesem Vorfall wir verfahren?

Können wir, die Jünger, künftig
unsern Blick nach Mekka lenken,
Wenn den Gang zur Schenke lenkte
der, in dessen Spur wir fahren?

In der Ewigen Bestimmung
Urschrift ist es so beschlossen:
Im Gemäuer unsers Ordens
Gleichgestirnten uns zu paaren.

Herzensglück aus Lockenfesseln –
wenn es nur die Klugen ahnten,
Irre würden sie mit Freuden,
jene Fesseln zu erfahren.

Seit Dein Antlitz uns aus Hulden
offenbart ein Wunderzeichen,
Dulden wir nur Huld und Holdes
in den Heil'gen Kommentaren.

Einmal wird Dein steinern Herze
tief zur Nacht die Wirkung fühlen
Jenes Feuers, das die Seufzer
glühend meiner Brust gebaren.

Meiner Seufzer Pfeile queren
    – Hafis still! – der Sterne Sphären:
Hüte Dich vor meinen Pfeilen,
    hoffst das Leben du zu sparen!

12a

Reich mir, o Schenke, das Glas,
bringe den Gästen es zu,
Leicht ist die Lieb' im Anfang,
es folgen aber Schwierigkeiten.

Wegen des Moschusgeruchs,
welchen der Ostwind geraubt
Deinen gekrausten Locken,
wie vieles Blut entfloss dem Herzen!

Folge dem Worte des Wirts:
Färbe den Teppich mit Wein!
Reisende sind der Wege,
sie sind des Laufs der Posten kundig.

Kann ich genießen der Lust
in der Geliebten Gezelt,
Wenn mich zum Aufbruch immer
der Karawane Glocke rufet?!

Finstere Schatten der Nacht!
Wogen und Wirbelgefahr,
Können euch wohl begreifen,
die leicht geschürzt am Ufer wohnen?

Durch die befriedigte Lust
ward ich zum Märchen der Stadt,
Kann ein Geheimnis bleiben
der Stoff der allgemeinen Sage?

Wünschest du Ruhe, Hafis,
folge dem köstlichen Rat:
Willst du das Liebchen finden,
verlass die Welt und lass sie gehen!

Auf, Schenke! den Pokal gefüllt
für unsre durst'ge Tafelrunde;
Die Liebe, die mich einst beglückt,
jetzt richtet kläglich mich zugrunde. 12b

Wie bluteten erwartungsbang
die Herzen bei den Moschusdüften,
Vom Ostwind aus der Liebsten Haar
uns hergeweht als holde Kunde!

Den Teppich zum Gebete färbt
mit rotem Wein nach Wunsch des Wirtes!
Ein weiser Mann ist unser Wirt,
man kommt bei ihm zu gutem Funde.

Wie kann ich mich der Liebe freun,
klingt – wie Geläut der Karawane –
Die Mahnung immer mir ins Ohr:
Nun rüste dich zur Scheidestunde!

Was wissen die vom Graun der Nacht,
von Meersgebraus und wildem Strudel,
Die, aller Bürd' und Sorge frei,
am Ufer gehn auf trocknem Grunde?

Was kühnen Geistes ich getan,
hat bösen Leumund mir erworben
Beim Pöbel – und wo bleibt geheim,
was umgeht in des Pöbels Munde?

O Hafis, folge deinem Stern
    und kehre dieser Welt den Rücken,
Soll dich beglücken, was du liebst,
    und willst du, dass dein Herz gesunde.

Wohlan denn, Schenke, nimm den vollen Becher, 12c
kredenze ihn dem Kreise trunkner Zecher!
Die Liebe schien zuerst ein leichtes Spiel,
bald brachte sie der Mühen nur zu viel.

Als von der Haare Nacht die Morgenlüfte
gelöst die Last betörend süßer Düfte:
Der Locken Kranz, von dunklem Duft umhaucht,
er hat dies Herz in rotes Blut getaucht.

»Du sollst mit Weine, der vom jungen Schenken
dir wird kredenzt, den frommen Teppich tränken!«
So spricht der Alte. Der Stationen Sitte
muss wissen, wer des Ordens Weg beschritte.

Die schwarze Nacht, der Wogen wildes Brausen,
der Wasser Strudel, tiefer Schlünde Grausen:
Was wissen die, wie uns der Sinn beschaffen,
die leichten Muts am Ufer stehn und gaffen?

Kann ich am Rastort jene Brust umfassen,
mich sicher süßem Leben überlassen?
Die Karawane darf auch dort nicht rasten,
die Glocke ruft: »Auf, bindet eure Lasten!«

Was half es mir, dem Glücke nachzurennen?
Mit Schande hör ich meinen Namen nennen,
Wie kannst du ein Geheimnis noch bewahren,
um das zuhaufe sich die Leute scharen?

Suchst du, o Hafis, was dir Frieden bringe,
so höre, was die fremde Zunge singe:
»Ward, was du liebst, in hoher Stunde dein,
so lass die Welt um dich versunken sein!«

»Holla, Saki! Lass die Krüge
kreisen, reiche mir den Krug!« **12d**
Anfangs schien die Liebe leicht, die
nun mich mit Beschwernis schlug.

Eh' der Frühwind endlich löste
jenes Stirnhaars Moschusquell,
Wie viel Blut troff nicht in Herzen
aus dem duftumringten Bug!

Wie könnt' ich in des Geliebten
Rastort sicher leben? Gleich
Hebt die Glocke an zu rufen:
Aufgepackt zum Weiterzug!

Färbe bunt mit Wein den Teppich,
wenn der Alte Wirt es sagt:
Denn der Wandrer ist nicht unkund
der Stationen Recht und Fug!

Finstre Nacht und Wogengrauen
und entsetzlich Wirbeldrehn –
Wie soll unsern Zustand kennen,
wer am Strand geht leicht und klug!

All mein Tun hat eigensinnig
üblen Namen mir verschafft –
Wie verbirgt sich ein Geheimnis,
das man unter Leute trug!

Hafis, wünschst du Ruh' der Nähe,
schweife ferne nicht umher:
»Hast du, wen du liebst, gefunden,
lass die Welt; du hast genug!«

13

Fülle mir den Becher, Schenke,
denn der Morgen taget hell,
Aber eile und bedenke,
dass der Himmel kreiset schnell.

Lass, eh' wir die Stunde sehen,
da die Welt in Trümmer stürzt,
Lieber uns zugrunde gehen
beim Pokal, den Freude würzt!

Flieh die Träume der Verblendung,
willst du wahre Wonne kosten,
Und die Sonne der Vollendung
steigt dir aus des Bechers Osten!

Wenn dereinst aus meiner Asche
Kunst des Meisters Krüge schafft,
Füllt sie aus des Magiers Flasche
mit der Rebe Edelsaft!

Wähnet nicht, es wirk' Bekehrung
eure Predigt, lang und breit,
Redet lieber mit Verehrung
von dem Trank der Lauterkeit!

Wer der Liebe Wein ergeben,
säet guter Werke Saat;
Gutes Werk sollst du erstreben –
darum, Hafis, auf zur Tat!

14

Im Tulpenmonat greife
zum Glas, tu's unverstellt!
Im Rosenduft ein Weilchen
dem Zephir sei gesellt!

Das ganze Jahr zu bechern,
heiß ich dich nicht; indes
Drei Monat' munter zeche,
wer neun sich fromm enthält!

Weiht dich der alte Weise
des Liebespfads mit Wein,
So trink und trau, dass Allah
sein Urteil gnädig fällt!

Da du begehrst, wie Dschemschid
Geheimnisse zu schaun,
So komm, schar dich zum Glase,
drin uns erscheint die Welt!

Ist knospengleich verschlossen
das Werk der Welt, so sei
Ein Frühlingswind, vor welchem
der Knospe Schloss zerschellt.

Von niemand hoffe Treue;
ward dir kein Sinn, so such
Das Elixier und Simurgh,
auf Unsinn nur gestellt.

Sei, Hafis, nie ein Jünger
in fremder Willkür Dienst;
Doch heimlich dich umschließe
vertrauter Zecher Zelt!

III

Ob der Liebe zu dem Freunde tadle mich 15
Betrübten nicht!
Geh mit Männern kranken Herzens nicht so
kleinlich ins Gericht!
Weil du Kunde hast, o Sufi, von der Wandrer
Handlungsart,
So beschuldige die Zecher nicht so grausam
und so hart!

Schilt nicht weinbefleckte Zecher, 16
du mit Reinheit angetan!
Denn es werden fremde Sünden
dir ja nicht geschrieben an.

Ob ich fromm sei oder gottlos,
geh und sorge für dich selbst.
Weil am Ende jeder nur, was
er gesät hat, ernten kann.

Schneide du die Hoffnung auf die
ew'ge Gnade mir nicht ab!
Weißt du denn, wer hinterm Vorhang
hässlich oder schön, o Mann?

Nicht zuerst bin ich gefallen
aus der Heiligkeit Gemach,
Denn aus seinen Händen ließ das
Paradies bereits mein Ahn.

Jeder sucht den Freund hier, ob er
nüchtern oder trunken sei,
Und der Liebe sind Moscheen wie
Christenkirchen aufgetan.

Reizend ist der Garten Edens,
aber mach, ich bitte dich,
Dir zu Nutz' der Weide Schatten
und den grünen Wiesenplan!

Hafis, wenn am Sterbetage
du zur Hand den Becher nimmst,
Tragen sie vom Gau der Schenke
graden Wegs dich himmelan.

Jene Mahner, die auf Kanzeln 17
sich gebärden mit Gepränge,
Handeln anders im Geheimen,
als sie reden vor der Menge.

Ein Problem bedrängt mich, fragen
will ich danach die Gelehrten:
Warum jene nie bereuen,
die befehlen Reu' so strenge?!

Scheint es doch, als ob sie selber
an den Tag des Rechts nicht glaubten,
Die im Recht, statt es zu wahren,
schlagen über alle Stränge!

Lass, o Herr, die Neuglücksritter,
schwänzelnd um den Türkensklaven
Auf dem Maultier, wieder fallen
in der Eseltreiber Ränge!

Du, o Bettler, aber eile,
lass die Klause, komm ins Kloster,
Wo die Magier mit Weine
mächtig weiten Herzens Enge.

Wie viel Liebende auch töte
Seine grenzenlose Schönheit,
Gleich ersteht Ihm aus dem Jenseits
neues liebendes Gedränge.

An dem Tor der Liebes-Schenke
sprich ein Gotteslob, o Engel,
Denn hier glückt's dem Lehme Adams,
dass man ihn mit Wein besprenge.

Morgens kam von Gottes Throne
Stimmenschwall; die Allvernunft sprach:
Traun, das tönt, als rezitierten
Engel Hafisens Gesänge!

18

Der Mystikaster legte Schlingen,
schloss heimlich auf die Zauberkist',
Das Himmelsrad wollt' er bezwingen,
das gaukelnde, mit schlauer List.

Das spielt ihm übel mit: bekleckert
mit Dotter ihm des Hauptes Zier;
So geht's, wenn man vor lautern Mysten
zu trübem Zauber sich vermisst!

O Schenke, komm, denn jener Schlanke,
der auch die Sufi-Schar berückt,
Erschien nun wieder mit Gepränge,
und es begann des Kosens Frist!

Von wannen stammt der Sänger, welcher
den frohen Ton »Iraq« anschlägt,
»Hidschas«-gewendet moduliert und
zuletzt erneut »Iraq« erkiest?

Komm, liebes Herz, zu Gottes Schilde
vor jener Gilde allzu fromm,
Die heuchelnd kurzgestutzte Ärmel
an gierig langen Armen hisst!

Verstell dich nicht mit falschen Künsten!
Wer in der Lieb' nicht redlich spielt,
Dem Liebe der Erkenntnis Türe,
die hin zum Herzen führt, verschließt.

Wenn morgen wird der Wahrheit Bühne
vor aller Blicken offenkund,
Dann müssen sich die Pilger schämen,
all deren Werk nur Scheinwerk ist.

O mein Fasan, du anmutvoller,
wohin entschreitest du? Halt an!
Sei auf der Hut vor jener Katze,
die tut so fromm, bevor sie frisst!

Nein, Hafis, schilt die freien, frohen
Genießer nicht, so wahr du selbst
Seit Anbeginn vom Augendienste
der Frömmler frei und ledig bist!

Auf Liebe und Liebchen und Bechern 19
im Leben nicht leist ich Verzicht!
Hab hundertmal Umkehr geübet –
Umsonst! Länger üb ich sie nicht!

Der himmlische Garten, die Schlösser,
die Huris, der Heilige Baum –
Was sind sie? Der Staub in der Gasse
des Freunds hat ein ander Gewicht!

Die Blickebegabten belehren
einander mit sparsamem Wink:
Verschleierte Worte wohl sprach ich,
die wiederhol ich nicht schlicht.

Hochwürden geboten im Zorne:
»Entsage der Liebe Gelüst!«
»Ich tu's nicht, Herr Vetter, erspart euch
den Zank und das böse Gesicht!«

Bin ich nicht ein Prediger heilig,
und ist nicht mein Mund schon zu fromm,
Dass er von der Kanzel zum Liebchen
kein schelmisches Kosewort spricht?!

Es wird, was mir umgeht im Kopfe,
mir immer erst deutlich, wenn ich
Im Innern des Weinhauses halte
die Stirne gen Himmel gericht't.

Da mögen die finstern Asketen
    mir drohen: »Nicht wag dich an Wein!«
»Ich hör und gehorche!« – erwidr' ich
    und leih doch das Ohr keinem Wicht.

Allein bei dem Magier-Greise
    vernimmt man ein sinniges Wort;
Doch ihr, mit Verlaub, redet Unsinn;
    drum glaub ich nicht eurer Geschicht'!

Des Magier-Greises Behausung
    ist, Hafis, der Seligkeit Ort:
Den Staub seiner Schwelle zu küssen,
    darauf leist ich nimmer Verzicht!

20

Ich bin es, dem der Schenke Winkel
ein Haus des Gottesdienstes scheint,
Und der im Gruß des alten Wirtes
ein Frühgebet zu hören meint.

Lass' ich auch nimmermehr erklingen
der Morgenharfe süßen Ton,
Das Lied, das ich des Morgens singe
entschuldigt mich genugsam schon.

Mich kümmern Kaiser nicht und Bettler,
und dankbar preis ich Gott dafür;
Mein Kaiser aber ist, wer bettelt
im Staub an meines Freundes Tür.

Im Gotteshaus und in der Schenke
bezweck ich nur Verein mit dir:
Dies ist mein einziger Gedanke,
und Gott bezeugt es selber mir.

Dein Bettler will ich lieber heißen,
als Herrscher über Völker sein,
Denn all mein Ruhm und meine Ehre
ist deine Härte nur allein.

Seit mein Gesicht an diese Schwelle
ich hinzulegen mich gewohnt,
Steht mein Palast bei weitem höher
als jener, wo die Sonne thront.

Nur wenn mir einst das Schwert des Todes
mein Zelt zerstört, sonst aber nicht,
Verlasse ich des Glückes Pforte,
wo mich Gewohnheit hält und Pflicht.

Hafis! Zwar liegt die Sünde nimmer
in unsrer freien Wahl; allein
Du magst den Pfad der Tugend wandeln,
die Sünde lass mein eigen sein!

IV

21

Du, vor dem die keusche Knospe sich
errötend neigt
Und die trunkene Narzisse Scham und
Staunen zeigt!
Kann mit dir doch selbst die Rose sich
vergleichen nicht,
Denn sie borget von dem Monde, er von
dir das Licht.

Ich sprach: »Was ist die Lippe?« Er sprach: 22
»Ein Lebensborn.«
»Dein Mund, was ist er?« sprach ich. Er sprach:
»Ein Zuckerkorn.«
Ich sprach: »Das, was du sagtest, sagt eben auch Hafis.«
Er sprach: »Die schönen Geister begegnen sich gewiss.«

23

Die Veilchen setzt in Verwirrung
ein Lockenwallen von dir,
Und Knospen sprenget ein Lächeln
der Mundkorallen von dir.

O meine duftende Rose,
warum verbrennst du das Herz
Der Nachtigall, die Gebet lässt
die Nacht durchschallen von dir?

Der ich den Atem der Engel
verdrießlich sonst nicht ertrug,
Der Welt Geschwätz nun ertrag ich
um Liebeslallen von dir.

Dich lieben ist mein Verhängnis,
dir angehören mein Sein,
Dein Staub mein Eden, mein Frieden
das Wohlgefallen von dir.

Das Klausnerkleid und das Weinglas
vereint ein jeder nicht leicht;
Doch ich vereine mit Fleiß das
ums Wohlgefallen von dir.

Der Taumel deiner Berauschung
wird aus dem Haupte mir gehn,
Wenn dieses Haupt in den Staub ist
des Tors gefallen von dir.

O schau die Herrschaft der Lieb' an!
  Es wallt aus Stolz auf dem Haupt
Die Sultanshaube gegipfelt
  den Bettlern allen von dir.

Mein Schah, in Hallen des Auges
  sind Sitze nur für dein Bild:
Mein Schah, o komm doch, und leer lass
  nicht deine Hallen von dir.

O Wang', ein reizender Garten,
  bist du, zumal wenn im Lenz
Der Lust die Lieder von Hafis
  sind Nachtigallen von dir.

24

Komm, ich atme Seelendüfte,
die sich jener Wang' entschwangen,
Und dem Herzen ward ein Zeichen
eingedrückt von jenen Wangen.

Ist die Deutung auch geblieben
von der Huris heil'gem Prangen!
Kommentare sind geschrieben,
lest sie ab von jenen Wangen!

Zedern wurden krumm wie Weiden,
als wir jenen Wuchs besangen,
Du errötetest bescheiden,
Rosenbeet, vor jenen Wangen.

Von der Weiße deiner Glieder
sind Jasmine schambefangen,
Und in Blut getaucht der Flieder
durch den Purpur jener Wangen.

Düfte hat die Moschusblase
nur aus jenem Haar empfangen.
Rosenwasser prunkt im Glase
mit Geruch von jenen Wangen.

Weil sie dich geliebt, den Stolzen,
ist die Sonn' in Schweiß zergangen,
Und der Neumond ist geschmolzen
in der Höh' vor jenen Wangen.

25

Das Herz ist deiner Liebe Königszelt,
Das Auge dir zum Spiegel aufgestellt.

Der Bürde deiner Gnaden beuget sich
Dies Haupt, das sich nicht beugt vor aller Welt.

Der Paradiesbaum jenem, mir dein Wuchs!
Da jeder Sinn sein eignes Maß enthält.

Doch was soll ich in diesem Heiligtum,
Wo nur mit Scheu der Ost den Vorhang hält!

Was ist's auch, wenn ich der Befleckte bin?
Denn deine Reinheit strahlt vor aller Welt.

Einst war Madschnun, nun bin ich an der Reih',
Und jeder steht hier seinen Tag im Feld.

Der Liebe Königsmacht, der Freuden Schatz,
Durch Deine Huld ist all dies mir bestellt.

Heil dir, und meinen Zweck hab ich erreicht,
Wenn Herz und Leben dir zum Opfer fällt.

Nie sei von deinem Bild mein Auge leer!
Nur ihm zum Wohngemach ist es erhellt.

Die junge Ros' im Garten duftet nur,
Weil ihrem Odem war dein Haupt gesellt.

Sieh nicht Hafisens äußre Armut an!
Sein Innres birgt der Liebe gutes Geld.

Aus dem Sinn will eines, was mir 26
liegt darin, nicht gehn,
Eine wandelnde Zypresse
aus dem Sinn nicht gehn.

Aus dem Hirn des wirren Hauptes
wird dein Wangenbild
Mir trotz Himmels Ungunst, Weltlaufs
Ungewinn nicht gehn.

Mit dir schloss ich im Beginn der
Welt den Bund und will
Bis zum Weltend' aus dem Bund vom
Anbeginn nicht gehn.

Alles, was im Herzen außer
deiner Liebe wohnt,
Soll aus meinem Herzen, sie nur
soll dahin nicht gehn.

Also wohnt der Liebe Schmerz in
meinem Sinn, dass er,
Wenn die Sinne mir vergehn, wird
aus dem Sinn nicht gehn.

Wenn mein Herz den Schönen nachgeht,
so entschuldigt es;
Wo das kranke Heilung hofft, sollt'
es dahin nicht gehn?

Wer nicht will, dass ihm wie Hafis
schwindeln soll das Haupt,
Soll den Liebesweg, den ich ge-
gangen bin, nicht gehn!

27

Die Stadt ist voll von Zarten:
  Wohin ich blick, es lacht:
Kommt, Freunde, Schönheitsmarkt ist,
  wenn ihr Geschäfte macht.

Nie sah der Zeiten Auge
  so frisches, junges Blut,
Nie fiel in eines Hände
  ein Bild so wohlgemacht.

Wer hat gesehn ein Auge,
  das Gott aus Geist geschaffen?
Kein Erdenstäubchen drücke
  den Saum dir, Himmelspracht!

Was scheuchst du von dir einen
  zerbrochnen Mann wie mich,
Der höchstens an ein Küssen
  und ein Umfahn gedacht?

Der Wein ist lauter, eil dich –
  die Zeit ist kostbar, heil dich:
Wer weiß, ob künft'ges Jahr ihm
  der Frühling neu erwacht!

Im Garten Tulp' und Rose
  stehn Trautgesellen gleich,
Die alle Becher halten
  für Liebchen ausgebracht.

Dies Rätsel, o wie lös ich's,
Geheimnis, wie entblöß ich's –
O Wehen, schwere Wehen –
o Schlachten, harte Schlacht!

Von Hafis jedes Härchen
in Händchen eines Liebchens:
Schwer ist es Posto halten
auf solcher Lagerwacht!

28

Viel Tausend Mühe mir gab ich,
dass mein Verlangen du seiest,
Mir Herzenswunschesgewährung
für Herzverlangen du seiest,

Ein Stündchen nur in die Zelle
des Leibesgrames du kommest,
Ein Nächtchen nur, mich zu trösten,
mein Herzumfangen du seiest,

Die Kerze liebenden Aug's in
durchwachten Nächten du werdest,
Ein Hoffnungsmond des Gemütes
mir aufgegangen du seiest:

Was vom Rubine, des Liebreiz
mich herzensblutig gemacht hat,
Ich klage – dass mir da hilfreich
zum Trostverlangen du seiest!

Da, wo die Fürsten der Anmut
bei ihren Dienern sich brüsten,
Dass mein Gebieter da liebreich
und unbefangen du seiest.

Im Gartenbeet, wo die Götzen
die Händ' Anbetender fassen,
Wenn vor die Hand es dir käme,
dass mein Lustprangen du seiest.

Den Hirsch des Himmels, die Sonne,
gedenk ich mager zu hetzen,
Wenn es mir glücket, dass einst mir,
o Reh, gefangen du seiest.

Drei Küsse, die auf zwei Lippen
du angewiesen mir hast, wenn
Du sie nicht zahlest, so wisse,
dass schuldgefangen du seiest.

O soll ich jemals erleben
den Wunsch, dass nächtlicherweile
Anstatt der rinnenden Träne
auf meiner Wange du seiest?

Ob ich der Hafis der Stadt bin,
mir selber gelt ich kein Körnlein,
Bis du geruhet aus Großmut,
dass mein Verlangen du seiest.

29

Du bist wie ein Vogel, der nistet
auf meines Auges Altan;
Mein Haus ist, o Freund, dir zu eigen;
so komm und sieh gnädig es an!

Dein Mal samt des Wangenflaums Anmut
nahm Wissender Herzen in Haft:
Dies Korn samt dem Fangnetz – sie haben's
gar seltsam uns angetan.

Gewärtig der Rose Entspringen
frohlocke, o Nachtigall!
Belebt doch dein schluchzendes Singen
den ganzen grünenden Plan.

Es quält mich die Schwermut, o reiche
mir Deiner Lippen Arznei!
Rubinen sind's ja, die dienen
als »Freudenspender« im Wahn.

Und bin ich nicht würdig, im Leibe
vor Deinem Throne zu stehn,
Die Seele ward Staub, um zur Bleibe
sich Deinen Stufen zu nahn.

Ich schenke nicht jedem Gesellen
des Herzens Münze leichthin;
Die Schatzhaustür ist gefeit, sieh:
Dein Siegel und Wappen daran!

Du bist ja, mein fürstlicher Reiter,
    ein Kobold von zaub'rischer Kraft:
Es fügt sich dem Hieb Deiner Peitsche
    das Wildross der himmlischen Bahn.

Der Puppenspieler der Sterne
    erbebt vor dem Spiel Deiner Hand
Voll funkelnder Finten, – o sag, was
    vermag ich, ich machtloser Mann?!

Und Klänge aus Deinen Gemächern
    begeistern die Sphären zum Tanz;
War's Hafis doch, der den Gesängen
    die lieblichen Silben ersann!

30

Ich bin an diese Pforte nicht
aus Ruhmessucht gekommen;
Bin diesen Weg vor widrigem
Los auf der Flucht gekommen.

Ein Wanderer der Liebe, bin
auf langen Pfaden endlich
Ich zu des Seins Gemarkung hin
aus Nichtseins Schlucht gekommen.

Ich schaute Deiner Wangen Flaum
und bin zum Paradiese,
Zu pflücken dieses Liebeskrauts
geliebte Frucht, gekommen.

Mit jenem Schatze, den der Geist,
der Heilige, behütet,
Bin ich als Bettler vor das Schloss,
das ich gesucht, gekommen.

Wo ist der Anker deiner Huld,
o Schifflein mein des Segens;
Wohin mir, der versinkt in Schuld,
des Heiles Bucht gekommen?

O Wolke, wasch mit Regenflut
mich rein von meinen Sünden!
Schon bin ich schwarz ins Buch, das Gut
und Bös verbucht, gekommen.

Wirf, Hafis, deine Kutte fort,
denn Wolle will nicht taugen
Dem Zuge, der in Gluten durch
der Seufzer Wucht gekommen!

31

Morgenwind! Wenn du vorüber
  wandelst an dem Land des Freundes,
O so bringe Ambradüfte
  von dem Lockenband des Freundes!

Ja, bei meiner Seele schwör ich's:
  Meine opfre ich zum Danke,
Wenn du freundlich eine Nachricht
  bringest von der Hand des Freundes.

Ist dir aber nicht gestattet,
  einem solchen Herrn zu nahen,
O dann bring als Augenschminke
  Staub von Tür und Wand des Freundes!

Nie durft' ich, der Bettler, hoffen,
  mich mit ihm vereint zu schauen,
Außer wenn vor mir im Schlafe
  hold das Traumbild stand des Freundes.

Einem Fichtenapfel gleichet
  dies mein Herz, und bebt gleich Weiden,
Weil ich sehnend mich zum hohen
  Fichtenwuchs gewandt des Freundes.

Wenn der Freund um mich Verliebten
  selbst den kleinsten Preis nicht böte,
Wär' mir doch, selbst nicht um Welten,
  feil ein Härchenrand des Freundes.

Frommt's ihm wohl, wenn aus des Grames
    Banden sich mein Herz befreiet?
Bleibt ja doch Hafis als Sklave
    und als Knecht bekannt des Freundes.

32

Der Bote mit dem Briefe,
  der kommt vom Gau des Freundes,
Bringt ein Herzamulett mir
  voll Moschus-Tau des Freundes.

Er gibt mir gute Zeichen
  von Heil und Huld des Liebsten,
Macht lieblichen Bericht mir
  vom Wonnebau des Freundes.

Zum Lohn gab ich mein Herz ihm,
  und schämte mich der Münze,
Der falschen, dass ich hätte
  gedacht so lau des Freundes.

Ich danke Gott, dass endlich
  mit Hilfe guten Glückes
Mir so nach Wunsch bestellt ist
  die Herzens-Au des Freundes.

Was kann des Himmels Kreisen,
  des Mondes Lauf verlangen?
Sie drehn sich auf Verlangen
  und Wunsch genau des Freundes.

Und werfen Aufruhrwinde
  zwei Welten durcheinander,
Hier bin ich und mein Auge
  bereit zur Schau des Freundes.

Und ob auf Hafis ziele
der Feind, was darf ich fürchten,
Da Gott sei Dank der Großmut
ich mich vertrau des Freundes!

33

Trüg' von Schiras der schöne Türke
mein Herz als Raub in seiner Hand,
Ich weihte seinem Inder-Male
Buchara gern und Samarkand!

Reich, Schenke, mir des Weines Neige:
Im Paradiese gleichet nichts
Musalla, unserm Rosenhage,
noch Ruknas grünem Uferband!

Oh, dass ein solcher Stadtzigeuner,
berückend, frech und schlimm berühmt,
Mir mit dem Plündersinn von Türken
des Herzens Ruhe hat entwandt!

Meiner höchst unvollkommnen Liebe
des Freundes Anmut leicht enträt;
Wozu bedarf das schöne Antlitz
des Pinsels und der Schminke Tand?

Von Joseph aber, dessen Lichtglanz
die Welt erhellte, weiß ich dies:
Die Liebe lockt, sie lockte einstmals
Suleiken aus der Keuschheit Wand.

Ob Du mich schiltst, ob Du mein spottest,
ja, mich verfluchst – ich segne Dich:
Das bittre Wort tönt süß vom Munde
aus Karneol und Zuckerkand.

Lausch, Trauter, meinem Rat, o lausche,
denn werter als das Leben gilt's
Dem Jüngling, der von Glück beflügelt,
wenn weiser Greise Rat er fand:

Von Wein und Musikanten singe!
Der Welt Geheimnis lasse ruhn!
Dies Rätsel löste nicht noch löst es
ein philosophischer Verstand.

Ghaselen sangst du, Hafis, Perlen
hast du gereiht. Komm, singe froh!
Auf dein Gebinde streut bewundernd
der Himmel der Plejaden Band.

34

Seltsam schien gleich einer Sichel
  in noch grüner Saat der Mond;
Mahnte mich an meinen Acker
  und den nahen Erntemond.

»O mein Glück«, rief ich, »was schläfst du?
  Gleißend schon die Sonne zog!«
Sprach's: »Was immer auch geschehen,
  hoffe, wo sich Hoffen lohnt!

Fährst du Jesu gleich gen Himmel,
  rein und ird'scher Banden los,
Wird die Sonne durch dein Strahlen
  hundertfältig übersonnt.

Trau nur nicht dem Nachtgestirne,
  diesem Tunichtgut und Dieb,
Der den Gürtel Kais, des Kaisers,
  Ka'us' Krone nicht verschont!

Freilich leiht ein Ring von Golde
  und Rubin dem Ohr Gewicht;
Aber lausche gutem Rat: Glück
  gleichen Orts nicht ewig wohnt!«

Fern sei Böser Blick, Geliebte(r),
  Deiner Anmut, Deinem Mal,
Das im Schönheits-Schach als Bauer
  Mond und Sonne hat entthront!

Sternen-Ähren, Mondlichtgarben
sind des Himmels Prunk, indes
Mehr gilt mir dies Korn, das Liebe
gern mit allem Gold belohnt!

Fromme Ernte wird verbrennen
in der Glut der Heuchelei:
Hafis, auf! Du darfst nicht weilen,
wo man solcher Wolle front!

V

Sieh, ich sterbe vor Verlangen nach Umarmung 35
und nach Kuss;
Sieh, ich sterbe vor Begierde nach des saft'gen
Munds Genuss;

Doch was spreche ich noch länger? Kurz und
bündig will ich sein:
Komm zurück, denn sieh, ich sterbe schon durch
der Erwartung Pein!

Am Anfang in Treuen mir hielt sie den Wein der Einung bereit, 36
Doch als ich trunken, mir gab sie den Wein der Grausamkeit.
Die beiden Augen voll Wasser, das Herze voll Feuer, ich ward
Zum Staub ihres Wegs; doch sie ließ mich allein mit des Windes Geleit.

Schön, mein Fürst, kömmst du einhergeschritten: 37
  Sterben will ich drum zu Füßen dir;
Schön bewegst du dich, mein holder Türke:
  Sterben will vor deinem Wuchs ich hier.

»Wann«, so sprachst du, »willst du vor mir sterben?
  Was bedeutet diese große Hast?«
Schön beschließest du, und sterben will ich
  gern vor dem, was du beschlossen hast.

Trunken bin ich, bin getrennt und liebe;
  doch der Schenkengötze zögert lang;
Dass vor seiner Hochgestalt ich sterbe,
  komm' er her mit anmutvollem Gang.

Er, durch dessen Trennung ich erleide
  lebenslanger Krankheit Missgeschick,
Seh' nur einmal her auf mich, und sterben
  will ich dann vor seinem Schelmenblick.

»Die Rubinen meiner Lippen«, sprachst du,
  »schmerzen bald und heilen bald das Herz.«
Lass mich denn zuweilen vor der Heilung
  und zuweilen sterben vor dem Schmerz.

Schön bewegst du dich; dich zu erschauen,
  sei dem Bösen Blicke nie erlaubt!
Aber dir zu Füßen will ich sterben,
  den Gedanken nähr ich stets im Haupt.

In der stillen Kammer deiner Liebe
findet für Hafis kein Plätzchen sich:
Lass denn du, der jeden Ort verschönert,
sterben mich an jedem Ort für dich!

38

Lang ist's her nun, dass mein Herz
dienet einem Götzen;
Fühlt im Leid der Leidenschaft
Labsal und Ergötzen.

Deines Munds Rubin zu schaun,
braucht es Seelen-Sehkraft;
Wie ertrüg' mein Weltenblick
Glanz von solchen Schätzen?!

Sei mein Freund, denn alles Licht
Himmels und der Erden
Strahlst Du, Mond, so dich von mir
Tränensterne netzen.

Seh ich doch schon eine Welt
jenen Sänger, welchen
Deine Liebe reden lehrt,
preisen hoch und schätzen.

Ach mein Gott, vergönne mir
Glück nur im Genügen;
Mag doch Bettler-Seligkeit
Ehr und Macht ersetzen.

Pfaffe nach des Vogtes Sinn,
prahle nicht! Der Sultan
Wählt mein armes Herze, drin
sich zur Ruh zu setzen.

Wunschumschwärmte Kaaba, wen
birgst du, dass mich Pilger
Jeder Dorn nur Rose deucht,
mag er gleich verletzen?

Hafis, rühme nun Parwes'
Prunk nicht mehr; denn jener
Darf sich nur am Rest im Glas
meines Kaisers letzen!

39

Du, von deren Wangenprangen
glänzt der Blütenhag des Lebens,
Komm, weil ohne Dich, o Rose,
welkt der Blütentag des Lebens!

Richtig ist's, wenn meine Augen
regnen gleich Gewitterwolken;
Denn der Gram, der mich geschlagen,
ward zum Donnerschlag des Lebens.

Ach, nur wenig Augenblicke
Glückes sind vergönnt dem Auge –
Nutze sie für unsre Frage!
Dunkel bleibt die Frag' des Lebens.

Lass den Frühtrunk samt dem Rausche,
Schenke, lass den Schlaf am Morgen!
Wache auf zum Tag, da man den
Weg noch wählen mag des Lebens!

Ach, der Freund zog jüngst vorüber,
ohne auf mich hinzublicken –
Hoffnungsloses Herze, das nichts
heimträgt vom Ertrag des Lebens!

Jenem nur kreist keine Sorge
um den Abgrund des Vergehens,
Der inmitten Deiner Lippen
findet das Gelag' des Lebens.

Überall im Hinterhalte
    lauern des Geschickes Reiter;
Reite mit verhängtem Zügel,
    und den Glücksritt wag des Lebens!

Bin ich lebend ohne Leben,
    mag es wunder dich nicht nehmen:
Denn wer würd' der Trennung Stunden
    rechnen zum Betrag des Lebens?

Hafis, sprich, des Wortes walte;
    denn fürwahr, im Weltenbuche
Bleibt dein Siegel, bleibt dein Sagen,
    und es wird zur Sag' des Lebens.

Wieder aus Zypressenzweigen 40
tönt der Nachtigall Gesang:
»Rosenantlitz, Böses Auge
müsse meiden Deinen Rang!

Wollst Dich neigen dankesmilde
als der Schönheit Königin;
Liebesirrer Nachtigallen
spotte nicht mit stolzem Sinn!«

Und ich will nicht klagen, dass Dein
Nahsein ferngerücket ward:
Denn die zwei, sie sind untrennbar,
Fernesein und Gegenwart.

Ja, wenn mancher andre seine
Lust an Lustbarkeiten stillt –
Mir ist Quell der Freude meine
Trauer ums geliebte Bild.

Wenn auf Schlösser dort und Schlanke
hofft der Frömmler, der hier greint –
Unsre Schlösser sind die Schenken,
unsre Huri ist der Freund!

Lasst uns bei der Harfe Klingen
trinken Wein, von Leid befreit!
Steht doch im Koran, o Mahner:
»Gott ist der, der gern verzeiht!«

Hafis, warum über Trennung
willst du klagen? Klage nicht!
In der Scheidung ruht die Einung,
in der Finsternis das Licht.

41

In der Frühe zur erblühten
Rose sprach die Nachtigall:
»Sei nicht spröde: Rings im Garten
knospen Rosen überall!«

Sprach und lächelte die Rose:
»Wahrheit kränkt uns nicht – doch wie? –:
Gibt, wer liebte, dem Geliebten
Worte von so herbem Hall?!«

Nur dem, der gepresst die Stirne
in den Staub am Schenkentor,
Steigen auf zu Herz und Hirne
Düfte aus der Liebe Saal.

Nur wer viele Tränenperlen
mit der Wimper Stahl durchbohrt,
Trinket vom Rubinenweine
aus dem perlenden Pokal.

Als der sanften Lüfte Säuseln
gestern in der Früh anhob,
Hyazinthen-Haar zu kräuseln
im erblühten Wundertal,

Schien mir Dschemschids Thron zu prangen,
fragt' ich nach dem Weltenglas:
»Weh« – erklang's – »das Glück, das gestern
wachte, liegt heut schlafesfahl.«

Keiner, auch der größte Sprecher
    sagt nicht aus, was Liebe sei.
Drum, o Schenke, füll die Becher,
    dass verstumm' der Worte Schwall!

Hafis schleuderte ins Meer der
    Tränen Klugheit und Geduld.
Und wie nicht? Ward doch nicht der Herr der
    Glut er seiner Liebesqual!

42

Aller Liebreiz, alle Anmut
  ist auf seiner Wang' entfacht,
Nur die Lieb und Treue fehlt ihm:
  Hätt' ihm Gott die zugedacht!

Mein Herzliebster ist ein Kind, er
  wird mich spielend eines Tags
Töten, ohne dass des Blutes
  das Gesetz ihn schuldig macht.

Es ist besser, dass mein Herz ich
  nehme gut in Acht vor ihm,
Denn er kennt nicht Gut' und Böses,
  und er nimmt es nicht in Acht.

Einen Abgott, vierzehn Jahr' alt,
  hold und zierlich, hab ich, dem
Von dem Monde, vierzehn Tag' alt,
  Huldigung wird dargebracht.

Ein Geruch von Milch aus seiner
  Zuckerlippe atmet noch,
Aber Blut der Herzen träufelt,
  wo sein schwarzes Auge lacht.

Mein Herzliebster, wenn das Herz er
  also schlägt, so wird der Schah
Ihn zum Feldherrn wählen, dass er
  schlägt das Herz der Feindesmacht.

Auf der Spur der jungen Rose,
lieber Gott, wo ist mein Herz
Hingelaufen, denn ich hab es
nicht gesehn seit Tag und Nacht?

Meine Seele geb ich dankbar
aus, wenn jene Perle zart,
Um zu ruhn, die Brust von Hafis
einst zu ihrer Muschel macht.

43

O Morgenwind, sag's der Gazelle,
der zierlichen, fein und gelind:
»Du bist es, um die wir in Wäldern
und Wüsten auf Wanderung sind!«

Der Zuckerverkäufer – hoch leb' er!
Warum aber spendet er nicht
Vom Zucker dem sprechenden Vogel,
der Süßes so sehnlich ersinnt?

Der Stolz deiner Schönheit, o Rose,
verbot es Dir wohl, dass du fragst,
Warum denn die Nachtigall klage,
und wen so von Sinnen sie minnt?

Durch Anmut und Huld zu umgarnen
sind Männer von Einsicht und Blick;
Doch wo ist der Mann, welcher Netze
dem Vogel, dem wissenden, spinnt?

Ich kann's nicht begreifen von schlanken
Zypressen mit Augen kohlschwarz
Und Wangen wie Mondlicht, warum ich
den Glanz dort der Freundschaft nicht find!

Bist du mit dem Liebchen beisammen
und schlürfest vom köstlichen Wein,
Dann denk auch der Liebenden einmal,
die wandern und schlürfen – vom Wind!

Es ist Deine Anmut vollkommen;
dies Kleine nur lobe ich nicht:
Die Gabe der Liebe und Treue –
die fehlt dir, mein reizendes Kind!

Im Sternenall nimmt es nicht wunder,
wenn Venus des Hafis Gedicht
Zum Tönen bringt und zum Tanze
sogar den Messias gewinnt.

44

Der Liebe Bahn ist eine Bahn,
die keine Grenze kennt,
Und wo man Seelenopfer nur
als Rettungsmittel nennt.

Wein, drohst du, wehre dem Verstand!
Du schreckst mich nicht; bring Wein!
In unsres Landes Wirtschaft mengt
sich jener Vogt nicht ein.

Wenn du dein Herz der Liebe weihst,
so lebst du frei von Qual:
Ein gutes Ding bedarf nicht erst
des Rates und der Wahl.

Frag, Seele, nur dein eignes Aug',
wer mich dem Tode weiht?
Die Schuld der Sterne ist es nicht,
noch des Geschickes Neid.

Ein reines Aug' nur kann erschaun,
hell wie des Neumonds Licht,
Das Mondlein dort; es spiegelt sich
in jedem Auge nicht.

Benütz den Pfad der Trunkenheit;
denn dieser Talisman
Ist, wie der Weg zu einem Schatz,
nicht offen jedermann.

Hafisens Träne wirkt auf dich
　auf keine Weise ein:
Ich staune über jenes Herz,
　das hart ist wie ein Stein.

Weh! mich ließ der Freund an Kummer 45
und an Weh gebannt und floh;
Setzte mich, dem Rauche ähnlich,
auf den Feuerbrand und floh;

Reichte mir, dem Liebetrunknen,
nicht ein einz'ges Gläschen dar,
Gab mir aber Gift zu kosten
mit der Trennung Hand und floh.

Als ich seine Beute wurde,
ließ er mich im Meer des Grams,
Wund und krank; und seinen Zelter
spornte er gewandt und floh.

Als ich sprach: »Vielleicht gelingt es,
ihn mit List zu fesseln mir«,
Fuhr er auf; mein Glückesrenner
schreckte sich und rannt' und floh.

Weil mein Blut den Raum des Herzens
allzu enge fand, geschah's,
Dass es rosig aus den Augen
durch das Feld sich wand und floh.

Weil der Knechtschaft Wonne nimmer
diesem Sklaven ward zuteil,
Sandt' er Grüße ab und küsste
jener Schwelle Rand und floh.

Schleier deckten noch die Rose,
als der Morgenvogel schon,
In Hafisens Garten eilend,
Stoff zu Klagen fand und floh.

46

Möge keiner je erleiden,
  was ich durch die Trennung litt,
Denn mein Leben war nur Scheiden,
  mich traf nur der Trennung Tritt.

Fremd, das Herz in Lieb' verloren,
  arm und im Verstande irr,
Schlepp ich überall die Qualen
  und die Glut der Trennung mit.

Doch fällt je die Trennung in die
  Hände mir, erschlag ich sie,
Und mit Tränen Blutgeld zahlend,
  werd ich mit der Trennung quitt.

Wohin soll ich gehn, was tun, wem
  melden, was mein Herz erfüllt?
Wer verschüf' mir Recht, indem er
  strafend wider Trennung stritt?

Oh, ich will die Trennung quälen
  mit der Trennung, Freund, von Dir,
Dass ihr Lid wie meines träne,
  blutend von der Trennung Schnitt!

Was verbindet mich der Trennung,
  was dem Schmerz? O scheint es doch,
Dass ich aus dem Schoß der Mutter
  nur zum Zweck der Trennung glitt!

Glühend von der Liebe Brandmal,
singe ich bei Tag und Nacht,
Hafis gleich, mit Nachtigallen
immerzu der Trennung Lied!

47

Abends, wenn die Fremden beten,
 wein ich, meiner Heimat fern;
Murmle wunderliche Dinge,
 klage meine Leiden gern.

Die Erinn'rung meiner Liebe
 weckt mir solchen Tränenstrom:
Alles möcht' ich überschwemmen
 unterm weiten Himmelsdom!

Da ich doch des Freundeslandes,
 nicht der Fremde Sprössling bin:
Führe bald, Allmächt'ger, wieder
 mich zu meinen Freunden hin!

Beim alleinigen Gott beschwör ich,
 Führer meiner Reise, dich:
Führe bald zu meines Winzers
 grünem Freudenbanner mich!

Kann ich klugen Leuten gelten
 als ein hochbetagter Greis,
Da ich noch mit junger Liebe
 spiele um der Jugend Preis!

Hier kennt mich nur Ost- und Nordwind,
 sonst bin ich ganz unbekannt;
Keinen andern Freund hier hab ich
 als den Buhlen, »Wind« genannt.

Aus der Liebe Wohnung weht mir
  Luft, die Lebenswasser bringt:
Schaff mir, Ostwind, einen Hauch nur,
  der sich Schiras' Flur entschwingt!

Wisse, dass einst eine Träne
  Aug' in Auge mich verriet,
Mir zur Schmach – wem soll ich zürnen,
  da der Herzverräter schied?

Eines Morgens kam von Sohra
  mir das Wort mit Harfenklang:
»Aus Hafisens Munde lernt' ich
  holde Rede und Gesang.«

Auf den Tod des Abu Ishāq aus dem Hause Indschü

Dein will immer ich gedenken, 48
dessen Gasse war mein Zelt,
Dessen Haustürstufen-Staubglanz
meine Augen hat erhellt,

Dessen Nähe ich genossen,
lilien- und rosenrein,
Und was Wahres meine Zunge
redet', gab Sein Herz mir ein!

Denn das Herz fragt, wenn der Dinge
Sinn, die der Verstand, der Greis,
Lehrt, ihm dunkel bleibt, die Liebe,
die ihn leicht zu deuten weiß.

Ach der Grausamkeit und Tücke
hier in diesem Wild'rertal!
Ach des Glanzes und des Glückes
dort in jenem Freudensaal!

Wie des Freundes zu entraten,
war mir Herzens Wunsch und Plan.
Aber ach, der Plan war eitel,
eitel, was das Herz ersann!

Zur Taverne eilt' ich, denkend
  jener, die mir angenehm:
Blutig schien der Wein im Kruge,
  und der Krug – er stak im Lehm.

Eilte hin und her und fragte,
  was der Grund der Trennung sei;
Doch der Mufti des Verstandes
  redete nur Narretei.

Bu Ishāq, wie glänzte einstmals
  Deines Siegelrings Türkis!
Doch der Schein trog, da das Schicksal
  sich so ungestüm erwies.

Sahst du jenes Rebhuhn, Hafis,
  wie es tänzelt, wie es lacht?
An die scharfen Falkenkrallen
  des Geschicks hat's nicht gedacht!

An Timur-leng [?]

Schmerz zermalmt mir fast die Brust! 49
Wo ist Balsam, der mich heile?
Einsam Herz zur Seele spricht:
Wo ein Freund, der bei mir weile?

Rastlos kreist das Schicksalsrad,
lässt kein Aug' in Ruh' sich schließen;
Schenke, eine Schale Weins,
dass ich mög' der Ruh' genießen!

Sprach zu einem Klugen jüngst:
»Sieh nur, was geschieht!« Mit Lachen
Sagt' er: »Je nun, schlimme Zeit,
irre Welt, verhexte Sachen!«

Brenne in der Flammengruft:
Wird man jene Kerze melden
Von Tschigil, den Türkenschah?
Ach, wo säumt der Held der Helden?

Auf der Liebe Pfaden sind
Sicherheit und Ruhe Sünden:
Mög' das Herz, das, wund durch Dich,
Balsam heischt, nie Heilung finden!

Volk der Lust und Weichlichkeit,
bist von Freisinns Reich geschieden:
Weltverbrennend ist der Pfad;
roh bleibt, wer das Leid gemieden.

Doch dies Erdental scheint leer
von des Adams-Samens Schöne.
Lasst uns eine neue Welt
schaffen, neue Adams-Söhne!

Türkenfürst von Samarkand,
Deiner denk ich, wenn die Lüfte
Her vom fernen Oxus-Strom
tragen blutgetränkte Düfte.

Ach, der Freund entbehrt uns nicht!
Hafis, deine Flut der Zähren
Trinkt Sein Meer wie Tropfen Taus,
gleicht sie auch den Sieben Meeren!

Joseph kehrt nach Kanaan einst, Jammer 50
soll dich nicht umschlingen, sei getrost!
Glaub's, in Jakobs kummervoller Kammer
werden Rosen springen; sei getrost!

Leidgeprüftes Herze, lass dir sagen:
Findest Heilung noch, sei unverzagt!
Jene Stirn, von Unrast jetzt geschlagen,
wird einst Ruh' erringen, sei getrost!

Wenn der Frühling in den Fluren fröhlich
als ein Fürst des Lebens wieder prangt,
Baun dir Rosen Zelte, Vogel, selig
durch dein nächtig Singen, sei getrost!

Kreisen mag zuweil'n der Kranz der Sphären
nicht nach unserm Wunsche, aber sprich:
Müssen sich nicht wenden stets und kehren
Räder, die da schwingen? Sei getrost!

Lass nicht ab vom Hoffen; denn verborgen
ist dir ja der Welt geheimer Lauf,
Und du weißt nicht, welche Spiele morgen
hinterm Vorhang klingen. Sei getrost!

Herz, und wenn der Nichtung Flut auf Erden
rüttelt am Gerüste deines Seins:
Noah ist dein Kapitän: Dich werden
Wogen nicht verschlingen. Sei getrost!

Ist der Weg auch karg, zur Kaaba spornen
dich des Sehnens Wünsche; und wenn oft
Deine Füße von der Wüste Dornen
bittern Stich empfingen – sei getrost!

Scheint der Ort des Rastens auch gefährlich,
bleibt das ferne Ziel dem Blick verhüllt –
Wo sind Wege, die, wie auch beschwerlich,
nie zu Ende gingen? Sei getrost!

Unser Los im leidigen Gelände –
fern der Freund und nah der Feinde Neid –
Kennt ja der, der Ursprung, Sinn und Ende
kennt von allen Dingen. Sei getrost!

Hafis, die in Nächten dich betreten,
Dunkelheit und Einsamkeit und Qual,
Lesend in der Schrift und mit Gebeten
kannst du sie bezwingen. Sei getrost!

Der Tag, getrennt vom Freund, die Nacht 51
ohn' ihn durchwacht, vergangen ist.
Glück schlug ich auf, der Unglücksstern
samt seiner Macht vergangen ist.

All', was der Herbst noch sehen ließ
an Üppigkeit und Dünkelmut,
Im frischen Schritt des Frühlingswinds,
vergilbte Fracht, vergangen ist.

Gott sei gedankt, denn mit dem Nahn
des ersten Rosenknospenkeims
Des Dornes Zorn, des Wintertags
kalt-stolze Pracht vergangen ist.

Der Hoffnung Morgen, fromm verhüllt
vom Vorhang der Verborgenheit,
Er komm' herfür! Das Werk, sagt ihm,
der düstern Nacht vergangen ist.

Der Sorgenzweifel jener Näch-
te, lang und voller Kümmernis,
Im Anblick des Gemäldes, das
aus Locken lacht, vergangen ist.

Ich glaube nun der Zeit nicht mehr,
so arg sie sei, der Marter Mär,
Die in dem Glück des Freunds, der heut'
zur Macht gebracht, vergangen ist.

O Schenke, lebe lang und sei
dein Becher stets mit Wein gefüllt –:
Du hast vermocht, dass jener Rausch,
der wirr gemacht, vergangen ist.

Was gilt denn Hafis? Achtet ihn
doch kaum ein Mensch; drum doppelt Dank,
Dass jene Prüfung, grenzenlos
und nie erdacht, vergangen ist.

VI

Hör ich des Wonnevogels Flügelschläge? 52
Schickt Düfte mir der Wünsche Rosenflur?
Wie, oder spricht der Wind von Seiner Lippe?
Kurz, ich vernehme Wunderbares nur.

O Wind, trag im Geheimen Ihm zu 53
die Kunde mein,
Mein Herzgeheimnis sag Ihm in hundert
Sprachen fein,
Sag's nicht auf eine Weise, die Ihn verdrossen macht,
Sag Ihm ein Wort, das treffe mitten ins Herz hinein!

54

Jüngst in eines Morgens Dämmer
ward ich meines Grams entbunden,
Ließ man mir im nächt'gen Dunkel
helles Lebenswasser munden,

Ward vom Strahlenlichtgefunkel
Seines Seins mein Ich zunichte,
Ließ der Wein mich der Erscheinung
Seiner Herrlichkeit gesunden.

O des Dämmers voller Segen,
da man mir den Freibrief reichte,
O der Nacht, erfüllt von Heile,
o der glückdurchglühten Stunden!

Jene Stunden, die mich schufen
zu der Schönheit klarem Spiegel,
Der berufen ist, den Abglanz
Seines Wesens zu bekunden.

Bin ich fröhlich, bin ich selig
und voll Überschwang, was Wunders?
Ward ich doch der milden Gabe,
die ich heimtrug, wert befunden.

Und die Stimme, die an jenem
Tage ich so froh vernommen,
Sprach: Glück auf! – dir, der geduldig
trug, die man ihm schlug, die Wunden.

Aller Honig, alle Süße,
    die aus meinen Worten träufeln,
Sie sind Früchte jenes Baumes,
    den ich durch Geduld gefunden.

Ja, dein hohes Streben, Hafis,
    und des Morgendämmers Odem
Haben aus den Grames-Banden
    böser Tage dich entbunden.

55

Ich sag es laut und öffentlich
und freue mich dabei:
Ich bin der Liebe Sklav', und drum
von beiden Welten frei.

Ich Vogel Edens, ach, wie tu
ich meine Trennung kund,
In diesen Garnort des Geschicks,
wie ich gefallen sei?

Ein Engel war ich, und mein Ort
das höchste Paradies:
Herabgebracht hat Adam mich
in diese Wüstenei.

Der Schatten Tubas, Quellenrand
und Huris Lieblichkeit,
Entschwunden sind sie meinem Sinn
durch deine Zauberei.

Die Sterne meines Schicksals hat
kein Astrolog' erkannt:
O Gott, zu welchem Lose gab
mir Mutter Welt die Weih'?

Seit ich geworden, ohrgeringt,
der Liebesschenke Knecht,
Bringt jeder Hauch mir neuen Schmerz,
der mir gesegnet sei.

Der Mann in meinem Auge trinkt
des Herzens Blut – mit Recht:
Warum auch gab mein Herz ich hin
der Liebe Schmeichelei?

Nur einen Strich – des Freundes Wuchs –
zeigt meiner Seele Blatt:
Was soll ich tun? Nichts brachte mir
als das der Lehrer bei.

Mein Vater, meine Mutter – nicht
leibeigen waren sie:
Leibeigen aber ward ich dir,
wiewohl von Abkunft frei.

O trockn' Hafisens Antlitz ab
mit Spitzen deines Haars:
Wo nicht, so bricht der Tränenstrom
des Lebens Bau entzwei.

Komm, weil der Hoffnung Schlösser 56
so leicht und luftig sind,
Bring Wein! denn das Gebäude
des Lebens ruht auf Wind.

Dem Hochgesinnten dien ich,
der unterm blauen Dom
Frei hält sein Herz von jedem
verstrickenden Gebind'.

Sag ich dir, was im Weinhaus
mir Trunknem gestern nachts
Für Gruß gebracht ein Bote
vom himmlischen Gesind'?

O Königsfalk', hochblickend
von Edens Zedern einst!
Dein Nisteplatz ist hier nicht
im Kummertalgewind'.

Von Paradieses Zinnen
sie rufen laut dir zu:
An diesem Ort der Netze,
was taumelst du so blind?

O mahn an festen Bund nicht
die ungebundne Welt!
Die alte Braut, sie wechselt
die Freier gar geschwind.

Ergib dich ins Gegebne,
und runzle nicht die Stirn!
Verschlossen mir und dir ist
die Tür der Wahl, o Kind.

Kein Glaub' ist bei dem Lächeln
der Rose, kein Verlass;
Klag, Nachtigall! Stoff hast du
zu klagen ungelind.

Warum, o schlechter Reimer,
beneidest du Hafis!
Wohllaut und Sinnes Anmut
ist Himmels Eingebind'.

Mein Körperstaub ist der Schleier, 57
der Seelenantlitz umwebt,
O Augenblick, da vom Antlitz
mir einst der Schleier sich hebt!

Nicht solch ein Käfig ist würdig
solch eines Sängers wie ich:
Ich will zum Garten von Ridhwan,
wo ich als Vogel geschwebt!

Mir ward, warum ich gekommen
und wie ich gegangen, nicht klar:
O schad' und wehe, wie achtlos
ich meines Standes gelebt!

Wie soll ich feiernd umkreisen
den Tempel heiliger Welt,
Wenn im Gebäude des Stoffes
ich an den Leib bin geklebt?

Mir, dem die Bühne der Huris
zur Stätt' und Wohnung gebührt,
Wie ward im Gau der Berauschten
der Aufenthalt mir erstrebt?

Vom Liebesdufte mein Herzblut
verhaucht, o wundre dich nicht!
Vom Schmerz der Blase Chotens hat
das Mitgefühl mich durchbebt.

Mein Hemde, golden gestickt gleich
der Kerz', o sieh nicht darauf,
Weil unterm glänzenden Hemd sich
der Brand des Innern begräbt.

O komm, sein eigenes Dasein,
o nimm's von Hafis hinweg,
Dass niemand möge, wo Du lebst,
erfahren, dass Ich gelebt.

58

Dring, o Jünger, unverdrossen,
in des Wissens Werte ein –
Nur auf Pfaden, selbsterschlossen,
kannst du andern Führer sein –

Dort, wo in der Wahrheit Hallen
als Berater Liebe lehrt,
Bis der Schüler einst von allen
als ein Vater wird verehrt.

Zu dem höchsten Ziel gelange,
niedern Trieben abgewandt;
Ist um Brot und Schlaf dir bange,
hast du Liebe nie gekannt.

Wenn der Gottesminne Wonne
Herz und Seele dir erfüllt,
Ist's, als ob im Glanz der Sonne
aller Welten Sein enthüllt.

Wasch den Körper von der Erde
gleich dem Wanderderwisch rein,
Durch den Stein der Weisen werde
wie des Goldes lautrer Schein.

Mit der Schar der Gottvertrauten
leuchte dir das ew'ge Licht
Der Verklärten, die erschauten
hier der Gottheit Angesicht.

59

Gestern zechend, traumverloren,
hörte ich es pochen leis:
Klopfend an der Schenke Toren
standen – Engel still im Kreis.

Unsers Vaters Adam Asche
taten sie in den Pokal,
Ihr vermählend aus der Flasche
edlen Weines Purpurstrahl.

Huldvoll bot der gotterkornen
lichten Welten sel'ge Schar
Mir, dem niedern Staubgebornen,
den gefüllten Becher dar.

Fassen können Himmelshallen
nicht der Liebe Herrlichkeit,
Und mir ist das Los gefallen,
das mich ihrem Dienst geweiht!

Auf die Kunde von dem Bunde
mit der Gnadensonne Glanz
Schlingen jubelnd in der Runde
Huris den berauschten Tanz.

Soll im Leben nie berühren
eitles Streben diese Brust,
Während Adam hie verführen
konnte eines Apfels Lust?

Zweiundsiebzig Glaubenslehren
    klauben Worte leer und tot;
Ihnen tagt, sie zu bekehren,
    nie der Wahrheit Morgenrot.

Flamme mag ich das nicht nennen,
    was auf Kerzen freundlich blinkt;
Flamme ist ein lodernd Brennen,
    das den Tod dem Falter bringt.

Bräuten in der Locken Ranken,
    denen Schleier, leicht und licht,
Halb nur hüllen den Gedanken,
    gleicht, o Hafis, dein Gedicht.

60

Meine Dichtkraft ist des Morgens,
von Betrübnis übermannt
Und mit Abscheu auf mich blickend,
schmählich mir davongerannt.

Chorawesm und Oxusufer
waren Bilder ihres Wahns,
Und sie floh mit tausend Klagen
aus dem Reiche Sulaimans.

Fort ist sie, die, wie noch niemand,
hat des Wortes Geist erkannt,
Und ich sah's, indes dem Leibe
schmerzlich sich mein Geist entwand;

Und als ich ihr nachgerufen:
»Meine alte Freundin du!«
Sprach sie hart, ward ungehalten,
floh und weinte laut dazu.

Und ich sprach: »Wer führt nun wieder
freundlich ein Gespräch mit mir,
Denn der süße, der beredte
Zuckermund entfloh von hier?«

Wie so oft hab ich gebeten:
»Fliehe nicht!« Es nützte nichts:
Sie erfreut sich ja vom Herrscher
keines freundlichen Gesichts.

Rufe sie zurück, o Kaiser,
durch dein hulderfülltes Wort!
Was beginnt nun die Verbrannte?
Trieb sie doch der Mangel fort.

61

Keiner kann sich aus den Banden
Deines Haars befreien,
Ohne Furcht vor der Vergeltung
schleppst du die Verliebten.

Bis nicht in des Elends Wüsten
der Verliebte wandert,
Kann er in der Seele Inners,
Heiligstes nicht dringen.

Deiner Wimpern Spitzen würden
selbst Rustam besiegen,
Deiner Brauen Schütze würde
selbst Waqqas beschämen.

Wie die Kerze brennt die Seele,
hell an Liebesflammen;
Und mit reinem Sinne hab ich
meinen Leib geopfert.

Bis du nicht wie Schmetterlinge
aus Begier verbrennest,
Kannst du nimmer Rettung finden
von dem Gram der Liebe.

Du hast in des Flatterhaften
Seele Glut geworfen,
Ob sie gleich längst aus Begierde
Dich zu schauen tanzte.

Sieh, der Chemiker der Liebe
    wird den Staub des Körpers,
Wenn er noch so bleiern wäre,
    doch in Gold verwandeln.

O Hafis! kennt wohl der Pöbel
    großer Perlen Zahlwert?
Gib die köstlichen Juwelen
    nur den Eingeweihten.

62

Als der Lichtglanz Deiner Anmut
   sich enthüllte vor der Zeit,
Da entsprang der Liebe Lohe,
   Feuer zündend weltenweit.

Engel schauten Deine Schöne
   ohne Fühlen an; entbrannt
Schleuderte die Liebe Flammen
   tief in Adams Menschlichkeit.

Seinen Docht am Licht zu zünden,
   strebte der Verstand; sogleich
Zückte Liebe eifersüchtig
   Blitze, warf die Welt in Streit.

Dem geheimen Schauplatz nahte
   der Betrüger; doch es stieß
Eine Faust aus dem Verborgnen
   ihn zurück, der ungeweiht.

Mögen andre ihre Lose
   wählen, wie die Lust sie heißt;
Ich, des Herz in Leid erfahren,
   wähle dieses Los voll Leid:

In den Abgrund Deines Grübchens
   stürzt mich Sehnsucht, doch im Sturz
Hoff ich, Deiner Locken Ringe
   hältst Du mir zum Heil bereit!

Hafis schrieb an jenem Tage
　Deiner Liebe Wonnelied,
Da er strich im Lebensbuche,
　was das Herze sonst erfreut.

63

Obgleich ich alt geworden bin
  und herzenskrank und schwach,
So ward ich doch stets wieder jung,
  sobald ich von dir sprach.

Gottlob, dass noch ein jedes Ding,
  das ich von Gott begehrt,
Wenn ernstlich ich danach gestrebt,
  mir immer ward gewährt!

Am Heerweg ew'gen Glückes stieg
  ich auf des Glückes Thron,
Und, wie die Freunde es gewünscht,
  mit einem Weinglas schon.

Genieße, junger Rosenbaum,
  des Glückes Frucht, denn ich
Erhob zur Nachtigall der Welt
  in deinen Schatten mich!

Bekannt war von der Welt mir einst
  kein Buchstab' und kein Laut;
In deines Grames Schule erst
  ward ich damit vertraut.

Und seit dein Schelmenblick mich traf,
  seit jener frohen Zeit
Ward ich von jeder Schelmerei
  der künft'gen Zeit befreit.

Seit jenem Tag erschloss sich mir
des Sinnes hohes Tor,
An dem des Wirtes Wohnhaus ich
zum Aufenthalt erkor.

Das Schicksal weiset unbedingt
mich an die Schenke an,
So sehr dagegen und dafür
ich auch bisher getan.

Mich macht' nicht Jahr noch Monat alt,
der falsche Freund allein,
Der, gleich dem Leben, mir entflieht,
gab mir des Alters Schein.

Die Huld des Herrn gab gestern Nacht
die frohe Kunde mir:
Hafis, bereue! Für der Schuld
Vergebung bürg ich dir.

64

Lange Jahre nach dem Glase
    Dschemschids hat mein Herz begehrt,
Ich, der Fremdling, sollt' ihm geben,
    was ihm selber angehört.

Ging und forschte bei den Männern,
    die verloren irr'n am Strand,
Jener Perle, welche keine
    Muschel ird'scher Meere nährt.

Gestern trug ich meine Sorge
    in des alten Magiers Haus,
Der mit Sehkraft reinen Geistes
    manches Rätsel schon geklärt.

Heiter fand ich ihn und lächelnd
    mit dem Weinglas in der Hand,
jenem Zauberspiegel, der ihm
    hunderterlei Schau beschert.

»Wann«, so fragt' ich ihn, »o Meister,
    gab dir Gott dies Weltenglas?«
»Es ist mein«, so rief er, »ewig,
    seit die blaue Kuppel währt!

Gott ist, glaub es, nahe jedem,
    der sein Herz in Lieb' verlor;
Sieht er Ihn gleich nicht und wähnet
    Ihn sich fern und abgekehrt.

enem Gaukler, den besiegten
Moses Stab und Moses Hand,
Gleichet der Verstand – sei wachsam!
Leicht wird sonst dein Herz betört.

Denk an unsern Freund, den ›Frevler‹,
der am Galgen starb, weil er
Herz-Geheimstes auszusprechen
seiner Zunge nicht verwehrt.

Das, was der Messias wirkte,
allenthalben widerfährt,
Wenn der Hauch des Heil'gen Geistes
auf den Menschen niederfährt!«

»Was bedeutet denn«, so fragt' ich,
»meines Götzen Lockenpracht?«
»Ketten!«, sprach er, »Hafis klagt ja,
Lieb' hab' ihm die Stirn verstört!«

Anhang

Anmerkungen

Die Angaben nach den Gedichtnummern bedeuten in der Reihenfolge: Übersetzer; Ausgabe Rosenzweig-Schwannau; Ausgabe Qazwīnī/Ghanī; Ausgabe Ḫalḫālī. Bei fehlender Angabe ist der Übersetzer Rosenzweig-Schwannau.

1 RS III 396; QG 376; H –.

2 RS III 392; QG 379; H –.

3 Bürgel; RS II 36; QG 173; H 253.
»Große Gabe« … »Habe klein«: Die arabisch-persischen Ausdrücke *'aṭā-yi katīr* und *matā'-i qalīl* sind Anspielungen auf Koranstellen, in denen die Erde als »geringes Gut« (Sure 4,77 [79][1]; 9,38 [38] u. ö.), das Jenseits als »unbeschränkte Gabe deines Herrn« (Sure 17,20 [21]) bezeichnet wird. – *das Geschick:* Die göttliche Vorherbestimmung (*taqdīr*) lässt sich durch menschliches Planen (*tadbir*) nach orthodoxer muslimischer Auffassung nicht beeinflussen. Hafis entschuldigt sich hier, wie so oft, ironisch dafür, dass er nicht vom Weintrinken lassen kann. – *du:* Der Angeredete ist der »finstere Asket«, der tadelnde Prediger, vielleicht aber auch Gott selber. – *das Moschusmal auf Tulpen:* das Schönheitsfleckchen auf den Tulpenwangen. Im Persischen steht »die Zeichnung des Males meines Idols«. Unsere Übersetzung stützt sich auf die implizit in der ersten Vershälfte enthaltenen Vergleiche. – *Asaf:* nach jüdisch-islamischer Überlieferung der Name des Wesirs oder Kanzlers Salomos. Hafis verwendet das Wort als Ehrentitel für

1 Die zuerst genannte Verszahl bezieht sich hier und bei den folgenden Zitaten aus dem Koran auf die Übersetzung von Paret, die Verszahl in eckigen Klammern bezieht sich auf Flügels Koran-Ausgabe.

verschiedene zeitgenössische Fürsten. – *Fehltritt* (*taqṣīr*): hier im doppelten Sinn von ›faux-pas‹ und Übertretung religiöser Vorschriften. Die Aussage »der Schenke begeht keinen faux-pas« kann also gleichzeitig bedeuten: »er tut nichts religiös Anstößiges«, woraus wiederum Hafis frivol zu folgern vermag, dass eigentlich kein Grund zur Reue besteht. – *Rebenkind:* Im Persischen steht hier zwar einfach »Wein«; unsere Übertragung ist jedoch durch das häufige *duchtar-i raz* (Tochter der Rebe) gerechtfertigt. – *von den Ketten wunden … Mann:* siehe S. 171,27. – *Krümmt er seine Brau'n …:* beliebte phantastische Argumentation: Der erzürnte Geliebte krümmt seine Brauen zu Bogen und schießt damit die tödlichen Pfeile seiner Blicke ab.

4 Rückert 15; RS I 188; QG 14; H 18.
Fest: das Fest des Fastenbrechens am Ende des Fastenmonats Ramadan. Die folgenden Verse beziehen sich aber wohl auch auf den Umstand, dass unter Schāh Schudschā' der Weingenuss, der unter Mubāris ad-Dīn strengstens verboten war, wieder öffentlich erlaubt wurde. – *Noah-Schifflein:* siehe S. 174,18 ff.

5 Bürgel; RS II 66; QG 177; H 262.
des Himmels Hut: Das Ghasel ist zur Zeit des strengen Weinverbotes gedichtet. »Himmel« würde sich dann auf Mubāris ad-Dīn beziehen. – *Scham befalle … ruht!:* Überbietungsvergleich: Der trunkene Blick der Narzisse kann sich mit dem der »Weinanbeter« nicht messen. Auch dieser Vers enthält vielleicht eine politische Anspielung. – *Diogenes:* siehe S. 176,5f. Im Text steht orientalischer Überlieferung entsprechend »Platon«. – *Wer … Rebenblut!:* Umschreibung der alten anakreontischen Regel, dass Wein das beste Heilmittel gegen Katzenjammer ist.

6 Bodenstedt 31–33; RS I 312; QG 148; H 199.
das Feuer Nimrods: siehe S. 184,24 f. – *Jesu Odem:* siehe

S. 185,8. – *Ad und ... Thamud:* siehe S. 186,25. – *Salomo:* siehe S. 185,5. – *Mahmud:* ʿImād ad-Dīn Maḥmūd Kirmānī, der Wesir des Indschü Abu Isḥāq, der vor Mubāris ad-Dīn etwa eine Dekade bis 1353 in Schiras geherrscht hatte.

7 RS III 414; QG 374; H –.
Hatem Tai: eigentlich Ḥātim aṭ-Ṭāʾi, ein durch grenzenlose Freigebigkeit sprichwörtlich gewordener Stammeshäuptling aus früharabischer Zeit.

8 Bodenstedt 121/122; RS I 152; QG 55; H 48.

9 Rückert 26; RS I 496; QG 107; H 183.

10 RS III 326; QG –; H –.

11 Bürgel; RS I 28; QG 8; H 4.
jene Fesseln: siehe S. 171,27 f. – *Dulden ... Kommentaren:* Die Pointe dieses Verses hängt an dem Wort »Wunderzeichen«, das in den Sprachen des islamischen Kulturkreises zugleich den einzelnen Koranvers bezeichnet. Hafis vergleicht die Wirkung des geliebten Gesichtes mit der Wirkung des Koran, ja er setzt es an dessen Stelle: Das Gesicht des Geliebten ist der Koran des Hafis und seine Dichtung der Kommentar dazu. – *Hüte Dich:* Der enttäuschte Dichter könnte Schmähverse anstelle der bisherigen Preislieder dichten und damit den Besungenen schädigen, wenn nicht vernichten.

12a Hammer-Purgstall I 1; RS I 2; QG 2; H 1.
Der erste und der letzte Halbvers dieses Ghasel sind arabische Zitate.

12b Bodenstedt 44; RS I 2; QG 2; H 1.

12c Ritter; RS I 2; QG 2; H 1.

12d Keil 1; RS I 2; QG 2; H 1. – Abdruck aus: Hafis, *Gedichte aus dem Divan*, eingel., übertr. und komm. von Rolf-Dietrich Keil, Düsseldorf/Köln: Diederichs, 1957.

13 Jacob 4; RS II 446; QG 273; H 396.
Wenn dereinst ... Krüge schafft: siehe S. 182,16.

14 Bürgel; RS II 100; QG 185; H 396.

Drei Monat': Die Frühlingsmonate, in denen die Blumen mit ihren Kelchen den Himmelstau trinken. Wer in ihnen zecht, folgt gleichsam nur ihrem unschuldigen Beispiel. – *Glase ... Welt:* siehe S. 180,11. – *Simurgh:* ein geheimnisvoller Wundervogel der persischen Sage, Symbol der Geheimnisse des Universums. – *vertraute Zecher* (*rindān-i āšnā*): *āšnā* bedeutet nicht nur ›bekannt, vertraut‹, sondern auch ›eingeweiht, initiiert‹. Der Gegensatz ›fremd‹ bezeichnet dann also den Nicht-Eingeweihten.

15 RS III 348; QG 380; H –.

16 Rückert 14; RS I 148; QG 56; H 49.

17 Bürgel; RS I 342; QG 135; H 122.
Tag des Rechts: das Jüngste Gericht. – *Lass, o Herr ... Ränge!:* Die Verse könnten eine politische Anspielung enthalten, richten sich vielleicht aber nur gegen konkurrierende Dichter, die Hafis am Hofe eines Gönners den Rang streitig machen. Die Metapher »Türkensklave« kann sich im Übrigen auch auf den Geliebten beziehen. – *mit Wein besprenge:* Nach islamischer Legende ließ Gott den Erdklumpen, aus dem Adam erschaffen werden sollte, zunächst durch Regen aufweichen und dann durch Engel kneten, bis er ihn schließlich selbst zum Menschen formte. Hafis deutet diesen Regen als Wein und leitet daraus, anakreontisch verstanden, die Berechtigung zum Weintrinken ab. Mystisch verstanden, bedeutet das Bild, dass der Mensch von Ewigkeit her von dem Wein der Erkenntnis göttlicher Geheimnisse durchdrungen und berauscht ist (vgl. auch Nr. 59). Goethe ließ sich durch diesen Vers zu dem Gedicht »Hans Adam war ein Erdenkloß« im »West-östlichen Divan« inspirieren. – *Verstand:* Gemeint ist hier ohne Frage die Weltvernunft, nach neuplatonisch-schiitischer Lehre eine Emanation der Gottheit. Das Ganze ist ein besonders pointiertes übertreibendes Selbstlob.

18 Bürgel; RS I 316; QG 90; H 111.
Der Mystikaster … vermisst!: Hafis stellt, wie so oft, die wahren Geheimniskenner – sei es in der Liebe, der Dichtung oder der Frömmigkeit und mystischen Gotteserfahrung – den bloß vorgeblichen, den Frömmlern, Asketen usw., gegenüber. Die Versuche der letzteren, durch frommes Gehabe, Erfüllung ritueller Zeremonien, die Gunst des Himmels zu erlangen, schlagen fehl. Es ergeht ihnen wie so manchem einfältig-vorwitzigen Bewunderer fahrender Gaukler des islamischen Mittelalters: Der Gaukler, Bild des unberechenbaren Schicksals, schlägt ihm plötzlich ein Ei in den Turban. – *»Iraq« … »Hidschas«:* Der Vers spielt auf raffinierte Weise mit musikalischen Fachausdrücken, die gleichzeitig andere Bedeutungen haben. »Iraq« bezeichnet einen fröhlichen, »Hidschas« einen ernsten oder traurigen Modus. – *kurzgestutzte Ärmel:* Die hier angegriffenen Ordensleute tragen kurze Ärmel, um ihre Ehrlichkeit zu demonstrieren – in langen Ärmeln lässt sich Diebesgut leicht verstecken –; Hafis schenkt ihnen dennoch kein Vertrauen.

19 Bürgel; RS II 372; QG 242; H 329.
Diese Version folgt dem Text Rosenzweig-Schwannaus. In den neueren Ausgaben fehlen Vers 7 und 8; Vers 6 folgt auf Vers 3.
der Heilige Baum: im Urtext »der Schatten Tubas«. Tuba ist ein Baum im Paradies. – *Die Blickebegabten* (*ahlu n-naẓar*): ›Leute von Blick‹; ursprünglich Bezeichnung der rationalistischen Theologenschule der Muʿtazila, später allgemein für rational spekulierende Gelehrte. Hafis spielt hier – ebenso wie in 43,4 unserer Anthologie – mit der Doppelbedeutung von *naẓar*, das einmal den sinnlichen, insbesondere den verliebten Blick – wie z. B. in *naẓarbāzī* ›das Blickespiel‹ –, zum anderen den inneren Blick, Weitblick, Einsicht, Spekulation, innere Schau bedeuten kann.

20 RS I 108; QG 38; H 53.

21 RS III 380; QG 383; H –.

22 RS III 366; QG 376; H –.

23 Rückert 63; RS II 476; QG 284; H 402.
Rückert hat die Reihenfolge der Verse gegenüber dem Original wie folgt geändert: 1, 2, 4, 5, 6, 7, 3, 8, 10.

24 Platen I 344/345; RS II 142; QG –; H –.
Der letzte Vers des Originals fehlt in Platens Übertragung.

25 Rückert 7; RS I 56; QG 40; H 16.
Madschnun: siehe S. 180,25 f.

26 Rückert 36; RS I 676; QG 151; H 184.

27 Rückert 79; RS III 144; QG 309; H 491.

28 Rückert 84; RS III 218; QG 319; H 460.
Rückert hat die Reihenfolge der Verse gegenüber dem Original wie folgt geändert: 1, 2, 3, 5, 6, 9, 7, 4, 10.

29 Bürgel; RS I 54; QG 25; H 67.
Freudenspender: Siehe S. 175,7 f.

30 Bürgel; RS II 380; QG 252; H 340.
der Geist, der Heilige: siehe S. 167,18.

31 RS I 78; QG 43; H 24.
Augenschminke: siehe S. 188,21. – *Fichtenapfel:* Nach Auffassung der arabischen Medizin hat das Herz die Form eines Pinienzapfens, wofür RS »Fichtenapfel« übersetzt.

32 Rückert 9; RS I 74; QG 42; H 22.

33 Bürgel; RS I 24; QG 3; H 3.
der schöne Türke: »Türke« ist häufige Bezeichnung für den schönen, aber herzlosen Geliebten. Das »indische« Mal wird nicht selten – pars pro toto – als Inbegriff der Schönheit des Geliebten verherrlicht. Hafis vereinigt in diesem Vers kunstvoll vier geographische Bezeichnungen. Das Motiv dieses Verses hat Goethe in zwei Gedichten des »West-östlichen Divan« amplifiziert: »Nur wenig ist's …« und »Hätt' ich irgend wohl Bedenken« (beide im Buch Su-

leika). Vgl. im Übrigen S. 165,27 ff. – *Musalla … Rukna:* Der Fluss Rukna bzw. Ruknabad und der Rosenhain Musalla sind berühmte, von Hafis mehrfach gepriesene Ausflugsziele bei Schiras. Da Hafis sie höher schätzt als das Paradies, zögert er nicht, sich den Zutritt zu letzterem durch Weingenuss zu verscherzen. – *Stadtzigeuner* (*lūlī*): Die Wörterbücher erklären es mit ›herumziehen-de(r) Musikant(in), Zigeunerweib‹. Hafis gebraucht hier zwar den Plural (*lūlīyān*), doch ist es wohl statthaft, den Vers auf den »Schiraser Türken« zu beziehen, zumal die Verwendung des Plurals anstelle des Singulars, wie im Nachwort ausgeführt, bei ihm ein häufig wiederkehrendes Stilmerkmal ist. – *Wozu bedarf … Tand?:* Das fehlende Glied, das die beiden Hälften dieses kunst- und anspielungsreichen Verses verknüpft, ist ein bekannter Topos der persischen Poesie: Der Liebende wünscht sich, ein Schönheitsfleck auf der Wange des (oder der) Geliebten zu sein, um so die Nähe des Unnahbaren zu genießen. Auch dieser Wunsch jedoch, besagt unser Vers, ist vergebens, da die vollkommene Schönheit des Freundes keiner Ergänzung durch »Farbe, Wasser, Strich und Mal« – so der Urtext – bedarf. Der Freund ist unserer Liebe »unbedürftig« (*mustaġnī*), ebenso wie Gott der Schöpfung unbedürftig ist. Der Geliebte wird damit hier, wie so oft, vergöttlicht bzw. als Bild der Gottheit verwendet. – *Suleika:* nach islamischer Tradition der Name der Frau des Potiphar, die Joseph in Ägypten zu verführen suchte (vgl. Koran, Sure 12). Der Vers antwortet also auf die im vorigen ausgesagte Aussichtslosigkeit der Liebe mit dem Hinweis auf die Unentrinnbarkeit solcher Liebe anhand eines Beispiels aus der Heilsgeschichte. – *Karneol und Zuckerkand:* »Karneol« sind die roten Lippen, »Zuckerkand« die Zähne. – *Auf dein Gebinde … Plejaden Band:* Überbietungsvergleich: Da Hafis' poetisches Perlengebinde das Band der Plejaden überstrahlt, sieht sich der Himmel genötigt, dieses aufzulösen und auf jenes zu streuen, damit es in Zukunft seinen Glanz von den Perlen des Hafis beziehe.

34 Bürgel; RS II 490; QG 281; H 416.
Nachtgestirn: wiederum die Mondsichel, die als Schmuckstück des Himmels einem Ohrring gleicht, der sowohl durch Schönheit wie namentlich durch Dauer die Machtattribute irdischer Herrscher wie Kaichosro und Kaika'us – die Namen wurden aus metrischen Gründen in zulässiger Weise verkürzt – übertrifft. – *Ring von Golde:* Der Ohrring wird hier als Symbol des Reichtums von Hafis benutzt, weil er, wie gesagt, der Mondsichel gleicht. – *Deinem Mal:* Der Schönheitsfleck auf der Wange des Geliebten gereicht seinem Antlitz derart zur Zierde, dass sich Sonne und Mond nicht mehr damit messen können: Vor diesem Korn (nächste Strophe) verblasst die Ernte des Himmels. – *Mehr gilt mir … belohnt!:* Wörtlich lautet dieser Vers: Der Himmel möge nicht so prahlen; denn in der Liebe ist die Ernte des Mondes um ein Korn, die Ähre der Plejaden um zwei Korn feil. – *Wolle:* vgl. S. 181,11.

35 RS III 338; QG 382; H –.

36 Bürgel; RS III 382; QG 378; H –.
Hafis vollbringt auf elegant-spielerische Weise ein beliebtes rhetorisches Kunststück: die Vereinigung der vier Elemente in einem Doppelvers.

37 RS I 244; QG 64; H 74.

38 Bürgel; RS I 106; QG 37; H 76.
Pfaffe … zu setzen: Der mit der Stadtpolizei zusammenarbeitende Prediger hat keinen Grund, sich aufzuspielen, da Hafis das persönliche Vertrauen des Sultans genießt. – *jener … Kaisers letzen:* Irdische Macht und Herrlichkeit, wie sie Parwes symbolisiert (s. S. 180,15), ist nur ein Abglanz

von der Herrlichkeit des in diesem Gedicht gepriesenen Geliebten (oder Sultans).

39 Bürgel; RS II 20; QG 171; H 254.
Jenem nur … Gelag' des Lebens: Der Vers enthält ein unübersetzbares Wortspiel, das hauptsächlich auf der Doppeldeutigkeit des Wortes *muḥīṭ* (›Peripherie‹ bzw. ›Ozean‹) beruht. Sie erlaubt es dem Dichter, drei geometrische Begriffe in einem Vers zu vereinen. Wörtlich: Um den Ozean des Vergehens sorgt sich derjenige nicht, dessen Lebenszirkel um den Punkt Deines Mundes kreist (der winzige Mund ist traditionelles Merkmal der Schönheit des/der Geliebten).

40 Bürgel; RS II 32; QG 172; H 257.
Schlösser … und Schlanke: Im Urtext steht der arabische Ausdruck *ḥūr wa-quṣūr*, d. h. Huris und Schlösser, wie sie den Frommen im Paradiese verheißen sind (vgl. Sure 25,10 [11]; 44,54 [54] u. ö.).

41 Bürgel; RS I 194; QG 56; H 42.
Weltenglas: siehe S. 180,11.

42 Rückert 49; RS II 122; QG 195; H 279.

43 Bürgel; RS I 26; QG 4; H 7.
Morgenwind … Gazelle: Der Morgenwind ist der Liebesbote, die Gazelle, nach welcher die Jäger vergeblich jagen, Bild der unnahbaren Geliebten. Die gleiche Beziehung drücken auch die folgenden Verse – mit Ausnahme der letzten – in wechselnden Bildern aus. – *Zuckerverkäufer:* die Schöne mit den Zuckerlippen. – *sprechender Vogel* (*ṭūṭī*): Papagei, häufiges Bild für den Dichter. – *Männer von Einsicht und Blick:* siehe Anm. zu Nr. 19,3. – *dem Vogel, dem wissenden:* Der Wissende Vogel ist der Simurgh (vgl. Nr. 14,6), Bild des Unerreichbaren und Geheimnisvollen; hier steht die Metapher aber gleichzeitig für die in Liebesdingen erfahrene unnahbare Schöne. – *Bist du … vom Wind!:* Der Vers ent-

hält das häufige Wortspiel mit den Wörtern *bāde* (›Wein‹) und *bād* (›Wind‹). Zum Inhalt vgl. den Vierzeiler Nr. 36.

44 RS I 186; QG 50; H 81.

45 RS I 256; QG –; H –.

46 Bürgel; RS II 172; QG –; H –.
Von den zwei Ghaselen mit dem Echoreim »Trennung« enthalten die neueren Ausgaben nur noch eines; jenes wurde jedoch nicht gewählt, weil es dem Herausgeber schwächer erschien als das hier gebrachte: Es übertrifft dieses zwar an Umfang, doch nicht an Ausdruckskraft und Dichte.

47 Bodenstedt 158; RS II 400; QG 228; H 326.
Sohra: Venus, die Musikantin des Himmels. – *Gleicht sie auch den Sieben Meeren*: Anspielung auf Sure 31,27.

48 Bürgel; RS I 454; QG 140; H 241.
Bu Ishāq: im Persischen übliche, auch von Hafis an dieser Stelle gebrauchte Verkürzung für Abu Ishāq (sprich: Isshaak).

49 Bürgel; RS III 138; QG 331; H 432.
Timur-leng: siehe S. 165,25. – *jene Kerze:* »Kerze von Tschigil« ist eine stereotype *Formel* der persischen Liebes- und Lobdichtung zur Bezeichnung schöner Menschen. – *Mög' das Herz … nie Heilung finden!:* D. h., wer sich über den Schmerz seiner unerfüllten Liebe zu dir durch dieses und jenes hinwegzutrösten sucht, möge das Glück der Vereinigung nie erfahren.

50 Bürgel; RS II 8; QG 172; H 257.

51 Bürgel; RS I 502; QG 112; H 222.

52 RS III 412; QG –; H –.

53 Bürgel; RS III 364; QG 383; H –.

54 Bürgel; RS I 572; QG 124; H 132.
Ward … zunichte: wörtlich: ›Wurde ich *bīẖūd* (selbstlos)‹, d. h. von Sinnen, ekstatisch. Die Aufgabe des Selbst

ist Voraussetzung für wahre Liebe und Erkenntnis. – *Herrlichkeit:* Im Original steht hier der philosophisch-theologische Terminus *ṣifāt* (›Eigenschaften‹, ›Attribute‹), dessen wörtliche Übersetzung jedoch unpoetisch geklungen hätte. Zur Bedeutung des ganzen Ghasel vgl. S. 166. – *des Morgendämmers Odem:* Vor Tagesanbruch ist die beste Zeit für dichterische Inspiration, auch gilt das Frühgebet als besonders wirksam. An beides mag hier gedacht sein.

55 Rückert 54; RS II 336; QG 216; H 358.
Der Schatten Tubas: vgl. Anm. zu Nr. 19. – *ohrgeringt:* Der Ohrring ist Zeichen des Sklaven. Hafis hat sich gleichsam den Türring der Liebesschenke als Sklavenring angelegt, d. h. er begehrt dort ständig Einlass. Aber wie man den Bettlern vor den Türen mit dem Wunsche »Gesegnet sei's!« ein Almosen hinwirft, so fügt ihm die/der Geliebte mit ebendiesen Worten immer neuen Gram zu (Rückerts Übertragung trifft hier die Vorlage nicht ganz). – *Der Mann in meinem Auge:* Der persische Ausdruck für Pupille lautet wörtlich übersetzt »Augenmännchen«; dieses trinkt Blut, weil das Auge des Dichters vor Liebesgram in Blut schwimmt (das »phantastische Argument« ist im Original allerdings noch um einiges komplizierter!). – *Nur einen Strich:* Das Alif, der erste Buchstabe des arabischen Alphabets, ist ein senkrechter Strich, daher beliebter Vergleich für den schlanken Wuchs. Gleichzeitig weist diese Letter als erstes Zeichen des Wortes Allah auf Gott hin. – *Mein Vater … von Abkunft frei:* Diese Strophe ist von Rückert frei erfunden und zur Abrundung seiner Übersetzung hinzugefügt.

56 Rückert 10; RS I 80; QG 27; H 94.
Vers 6 und Vers 8 des Originals hat Rückert weggelassen.

57 Rückert 51; RS II 258; QG 235; H 328.
Blase Chotens: Die Landschaft Choten galt als die Heimat

des Moschushirsches. Wie dieser unter Schmerzen den lieblichen Duft produziert, so schafft Hafis unter Schmerzen seine Dichtung und fühlt sich dem Hirsche mit der Moschusblase daher verbunden.

58 Jacob 2; RS III 46; QG 346; H 485.
Vers 6, 7, 9, 10 des Originals hat Jacob weggelassen.

59 Jacob 1; RS I 584; QG 124; H 134.
Engel: vgl. Nr. 17,7. – Vers 1 des Originals entspricht Strophe 1 und 2, Vers 8 des Originals ist von Jacob weggelassen. Die Übertragungen Jacobs sind in der Regel sehr frei und interpretierend.

60 RS III 270; QG 362; H 264.

61 Hammer-Purgstall II 90; RS II 137; QG –; H –.
Diesem Ghasel hat Goethe die wesentlichen Motive für die »Selige Sehnsucht«, das berühmteste Gedicht des »West-östlichen Divan«, entnommen. Es wurde daher hier aufgenommen, obwohl es in den neueren kritischen Ausgaben fehlt und mithin heute als unecht gilt.
Rustam: einer der bekanntesten Helden im persischen Nationalepos, dem Schahname des Firdausi. – *Waqqas:* berühmter Bogenschütze und Gefährte des Propheten Muhammad. Seine Erwähnung in diesem Gedicht ist durch den Reim *-āṣ* bedingt. Vor den Pfeilen, die die Braue des Geliebten verschießt (vgl. S. 172,1), muss auch ein Meisterschütze wie er die Waffen strecken!

62 Bürgel; RS I 488; QG 103; H 196.
Dieses Ghasel ist ebenso berühmt wegen des ungewöhnlichen Tiefsinns seiner Aussagen wie wegen der auffälligen Kontinuität seiner Gedankenführung. Der mystische Geliebte, hier als eine im Urbeginn des Kosmos in Erscheinung tretende Emanation der Gottheit geschildert (V. 1), kann zwar die Engel nicht zur Liebe entflammen, da diese das Urbild selber anschauen. Umso mehr aber sind die

Menschen, denen der Anblick des Urbildes versagt ist, auf dessen Abglanz, eben den mystischen Geliebten, angewiesen. Anders gesagt: Der schöne Mensch, der oder die Geliebte, jede konkrete Verkörperung jenes abstrakten kosmischen Wesens, erweckt als Manifestation Gottes die Sehnsucht nach dem Schöpfer. Liebe ist Verlangen nach dem Urbild (V. 2). Diese Art Liebe aber ist dem Verstande nicht zugänglich. Eifersüchtig wachen daher die wahren Liebenden darüber, dass das Geheimnis nicht zerredet werde (V. 3) oder aber Betrüger (*muddaʿī* ›Prätendent‹ – bekannte Chiffre für orthodoxe Frömmler) das esoterische Wissen für sich in Anspruch nehmen (V. 4). Hafis als wahrer Liebender weiß sehr wohl, wofür er sich entschieden hat (V. 5). Die Spannung zwischen Qual und Wonne, zwischen Selbstaufgabe und höchster Exaltation in der irdischen oder himmlischen Vereinigung ist mit dem ebenso graziösen wie grandiosen Bilde des sechsten Verses auf einmalige Weise ausgedrückt. Der Vergleich des Kinngrübchens mit einer lebensgefährlichen Grube, in die der Liebende fällt, ist im Übrigen natürlich ein alter Topos. Der letzte Vers betont nochmals, dass es bei dieser Liebe nur ein »Alles oder Nichts« geben kann. Nur wer allem, ja dem eigenen Selbst zu entsagen bereit ist, darf hoffen, in den Genuss jener irdisch-überirdischen Wonne (Hafis sagt hier tatsächlich ›ṭarabnāme‹ – »Lustbuch«) zu gelangen, um die es dem wahrhaft Liebenden zu tun ist.

63 RS II 402; QG 219; H 335.

64 Bürgel; RS I 318; QG 96; H 102.

Glas Dschemschids: siehe S. 180,10. – *Gaukler:* im Persischen »Sāmir«, Name eines im Koran erwähnten samaritanischen Zauberers. Er verführt die Israeliten zum Götzendienst am Goldenen Kalb, kann sich jedoch mit Mose in der Magie nicht messen, wie die auch aus dem Alten Testament bekannten Wunder Moses während des magischen Wettkampfes vor Pharao zeigen (vgl. 2. Mose 4,1–9; 7,1–13). Mose straft ihn, indem er ihm befiehlt, allen, denen er begegnet, zuzurufen: »Rühr mich nicht an« (Sure 20,9–98 [8–98]). Die in dem Vergleich des Verstandes mit Sāmir liegende Warnung habe ich in der Übertragung expliziert. – *Frevler:* Anspielung auf Ḥallādsch, einen der größten Mystiker des Islam, der in der Gewissheit des Erlebens mystischer Verschmelzung mit der Gottheit zu theopathischen Ausrufen wie »Ich bin Er« hingerissen wurde. Er erstrebte durch seine Predigt und seine Schriften politische und religiöse Reformen (letztere im Sinne einer Verinnerlichung des vorwiegend legalistischen Islam). Seine Lehre war von nachhaltigstem Einfluss auf die Entwicklung der islamischen Mystik. Er verbrachte neun Jahre im Gefängnis und wurde 922 als Ketzer verurteilt und ans Kreuz gehängt. – Hafis vergleicht ihn mit Christus, obwohl dieser nach islamischer Lehre nicht gekreuzigt worden, sondern zu Gott zurückgekehrt ist, während eine ihm ähnliche Gestalt gekreuzigt wurde.

Literaturverzeichnis

Arberry, A. J.: Fifty Poems of Hafiz. Texts and Translations collected and made, introduced and annotated by A. J. A. Cambridge 1947.

Bodenstedt, F.: Der Sänger von Schiras. Hafisische Lieder, verdeutscht durch F. B. Berlin [2]1877. [Zitiert als: Bodenstedt.]

Brockhaus, H.: Die Lieder des Hafis. Persisch mit dem Commentare des Sudi hrsg. Leipzig 1854–58.

Broms, H.: Two Studies in the Relations of Hafiz and the West. Helsinki 1968. (Studia Orientalia / Societas Orientalis Fennica. 34.)

– Towards a Ḥāfiẓ Bibliography. Proceedings of the Vaasa School of Economics. Vaasa 1969. (Reprint Series No. 4 – Philology).

Bürgel, J. C.: Drei Hafis-Studien. Goethe und Hafis – Verstand und Liebe bei Hafis – Zwölf Ghaselen übertragen und interpretiert. Bern / Frankfurt a. M. 1975.

– »Wie du zu lieben und zu trinken«. Zum Hafis-Verständnis Goethes. In: A. Maler (Hrsg.): J. W. Goethe. Fünf Studien zum Werk. Bern / Frankfurt a. M. 1983. (Kasseler Arbeiten zur Sprache und Literatur. 15.) S. 115–141.

– Der östliche Zwilling. Gedanken über Goethe und Hafis. In: Spektrum Iran (1989) H. 2. S. 3–19.

– »Kommt, Freunde, Schönheitsmarkt ist!« Bemerkungen zu Rückerts Hafis-Übertragungen. In: W. Fischer (Hrsg.): Friedrich Rückert Dichter und Sprachgelehrter in Erlangen. Referate des 9. interdisziplinären Colloquiums des Zentralinstituts. Neustadt a. d. Aisch 1990. (Schriften des Zentralinstituts für Fränkische Landeskunde und allgemeine Regionalforschung an der Universität Erlangen-Nürnberg. 29.) S. 131–146.

– Die Idee des Reinen. Zu einem Schlüsselwort im *West-öst-*

lichen Divan und seinem islamischen Kontext. In: B. Beutler /A. Bosse (Hrsg.): Spuren, Signaturen, Spiegelungen. Zur Goethe-Rezeption in Europa. Köln/Weimar/Wien 2000. S. 45–56.

Ḫalḫālī, ʿA.: Dīwān-i Ḫwāğa-i Ḥāfiẓ-i Šīrāzī. Teheran 1306 š. [Zitiert als: H.]

Hammer(-Purgstall), J. von: Der Diwan von Mohammed Schemsed-din Hafis. Aus dem Persischen zum erstenmal ganz übersetzt von J. v. H. Stuttgart/Tübingen 1812/13. [Zitiert als: Hammer-Purgstall.]

Keil, R.-D.: Hafis. Gedichte aus dem Diwan. Eingeleitet, übertragen und kommentiert von R.-D. K. Düsseldorf/Köln 1957. [Zitiert als: Keil.]

Lescot, R.: Essai d'une chronologie de l'œuvre de Hafiz. Beirut 1944. (Bulletin d'études orientales. 10.)

Lewisohn, L. (Hrsg.): Hafiz and the Religion of Love in Classical Persian Poetry. London 2010.

Platen, A. von: Gesammelte Werke in fünf Bänden. Stuttgart/Tübingen 1853. [Hafis-Übertragungen in Bd. 2. S. 334–355 – Zitiert als: Platen.]

Qazwīnī, M. / Ghanī, Q.: Dīwān-i … Ḥāfiẓ-i Šīrāzī. Teheran [1320 š]. [Zitiert als: QG.]

Ritter, H.: Nachdichtungen persischer Poesie. In: Festschrift G. Jacob. Leipzig 1932. S. 222–233.

Rosenzweig-Schwannau, Ritter V. von: Der Diwan des großen lyrischen Dichters Hafis im persischen Original herausgegeben, ins Deutsche metrisch übersetzt und mit Anmerkungen versehen von V. v. R.-S. Wien 1858–64. [Zitiert als: RS.]

Rückert, F.: Ghaselen des Hafis (Dichtungen des Ostens). München 1926. [Zitiert als: Rückert.]

– Hafisische Vierzeilen. Hrsg. von W. Eilers. Dessau/Leipzig 1940.

Rypka, J.: Iranische Literaturgeschichte. Leipzig 1959. [Über Hafis: S. 256–265.]

Schaeder, H. H.: Goethes Erlebnis des Ostens. Leipzig 1938.

Wickens, G. M.: An Analysis of Primary and Secondary Significations in the Third Ghazal of Hafiz. In: Bulletin of the School of Oriental and African Studies 14 (1952) S. 627–638.

– The Persian Conception of Artistic Unity in Poetry and Its Implications in Other Fields. In: Bulletin of the School of Oriental and African Studies 14 (1952) S. 239–243.

Wohlleben, J.: Die Ghaselen des Hafiz. Neu in deutsche Prosa übersetzt, mit Einleitung und Lesehilfen von J. W. Würzburg 2004.

Nachwort

In den Jahren 1812/13 erschien bei Cotta als zweibändiges Werk mit insgesamt über tausend Seiten *Der Diwan von Mohammed Schemsed-din Hafis. Aus dem Persischen zum erstenmal ganz übersetzt von Joseph v. Hammer, K. K. Rath und Hof-Dollmetsch, Mitglied der Akademie zu Göttingen, Korrespondent des Instituts von Holland.* Es war diese Publikation, welche den alten Goethe zu einem seiner originellsten Werke inspirierte, dem 1819 ebenfalls bei Cotta verlegten *West-östlichen Divan*, der von einer schier grenzenlosen und für einen Abendländer singulären Begeisterung des deutschen für den persischen Genius Zeugnis ablegt:

»Und mag die ganze Welt versinken,
Hafis, mit dir, mit dir allein
Will ich wetteifern! Lust und Pein
Sei uns, den Zwillingen, gemein!
Wie du zu lieben und zu trinken,
Das soll mein Stolz, mein Leben sein.«

So steht es im Gedicht »Unbegrenzt« aus dem »Buch Hafis«. Denkt man an die Bedeutung und die dichterische Potenz des persischen Dichters, so hat Goethe sich ihm in der Tat zu Recht verwandt gefühlt. Doch auch im Gedanklichen, in der Weltsicht und im dichterischen Selbstverständnis der beiden gibt es manche Gemeinsamkeit, was hier jedoch nicht näher ausgeführt werden kann.

Goethe brauchte übrigens Hafis nicht zu »entdecken«. Hafis galt und gilt als der größte Lyriker persischer Zunge. Sein Ruhm drang schon zu seinen Lebzeiten weit über die Grenzen seines Vaterlandes. Ähnlich wie Dante (fast ein Zeitgenosse des Hafis) wirkte er nicht allein auf gelehrte Zirkel, sondern in breiteste Volksschichten hinein; und die Verse seines *Diwans* wurden und werden von Gebildeten und Ungebildeten in Persien ebenso geliebt, auswendig gelernt und bei jeder Gelegenheit zitiert wie in Italien die Terzinen der *Divina Commedia*. Hafis' *Diwan* fehlt auf keinem persischen Bücherbord, und in ärmlichen Haushalten ist er oft das einzige Buch neben dem Koran. Auch steht er an praktischer Bedeutung der Heiligen Schrift des Islam – natürlich nur im persischen Sprachbereich – kaum nach: Wird er doch, wie im Abendland einst Vergil und später die Bibel, als Orakelbuch benutzt. Man »sticht« in seinen *Diwan* und stellt fest, »was Meister Hafis befindet«.

Was »befindet« er? Worin beruht die einzigartige Wirkung dieses Dichters? Und – so können wir gleich fortfahren zu fragen – wie kommt es, dass diese Wirkung, von wenigen Ausnahmen abgesehen, nicht aufs Abendland übergriff? Die letzte Frage enthält zugleich eine Antwort: Hafis' Poesie ist »typisch (vorder)orientalisch«. Sie ist, genauer gesagt, eine Synthese herrschender geistiger Strömungen im Persien des 14. Jahrhunderts. Wer Hafis verstehen, die Ursachen seiner Wirkung begreifen oder gar diese Wirkung selber verspüren möchte, muss »in Dichters Lande gehen«, sich im Geiste 600 Jahre zurück und einige tausend Meilen gen Osten versetzen, um sich in jenes von Hafis beschworene Antlitz zu versenken, das bei aller Ferne und Fremdheit so eigentümlich zu faszinieren vermag. Der Weg des Verstehens ist mühsam, aber die Mühe lohnt sich, wenn Liebe zum Osten, Liebe zur Lyrik und Liebe zur Freiheit menschlichen Geistes – denn Hafis ist ein Gegner aller Doktrinen – ihre Begleiter sind.[1]

I. Das Leben des Hafis

Für Hafis gilt das Gleiche wie für viele andere berühmte Gestalten des islamischen Mittelalters: Ihr persönliches Leben ist in Dunkelheit gehüllt. Wirklichkeit und Legende fließen in den Quellen auf oft unentwirrbare Weise ineinander. Und der *Diwan* des Hafis ist mit sei-

1 Von den weit über 500 Gedichten im *Diwan* des Hafis können in dieser Auswahl nur 64 Nummern geboten werden. Die folgenden Ausführungen stützen sich jedoch auf den gesamten *Diwan*. Mit »Nr.« wird auf die Anordnung in unserer Anthologie, mit »RS« auf die zweisprachige Gesamtausgabe von Rosenzweig-Schwannau verwiesen (s. Literaturverzeichnis). Die Zahl nach dem Komma bezieht sich auf den betreffenden Vers (in den Übertragungen meist auf die Strophe).

ner vieldeutigen Sprache kaum geeignet, Licht in dieses Dunkel zu bringen. Was uns die Quellen berichten, ist im Wesentlichen das Folgende:[2]

Hafis wurde etwa um 1320 als dritter Sohn eines wohlhabenden Kaufmanns in Schiras geboren. Der Vater starb, als die Kinder noch klein waren, und mit ihm schwand der Wohlstand dahin. (Hafis hätte also die Armut, die er so oft in seinen Versen preist, schon im Kindesalter kennengelernt.) Als Jüngling verdiente er sein Brot u. a. bei einem Teigmacher, während er gleichzeitig von einem Tuchhändler zum Dichten angeregt wurde. Seine ersten Versuche brachten ihm jedoch nur spöttisches Lächeln ein. Die große Wende erfolgte, so berichtet eine späte Quelle, als ihm am Grabe eines Heiligen bei Schiras in visionärer Schau himmlisches Brot von ʻAli, dem von den Schiiten so hoch verehrten Schwiegersohn des Propheten Muhammad, dargereicht wurde – ein Erlebnis, das, den Kommentatoren zufolge, Hafis in einem Ghasel besungen hat (Nr. 54). Hierbei muss es sich nicht unbedingt um eine Legende handeln; zumindest ein wahrer Kern kann zugrunde lie-

2 Die folgenden Angaben zur Biographie stützen sich im Wesentlichen auf H. Ritters Artikel *Hafiz* in der *Islam Ansiklopedisi* (türkische Enzyklopädie des Islam), der die Ergebnisse auch der persischen und türkischen Iranistik berücksichtigt hat. Danach erscheint manches, was z. B. Rypka in seiner *Iranischen Literaturgeschichte* noch als Tatsache hinstellte, wie etwa Hafis' Reise nach Jasd u. Ä., als fraglich oder später erfunden.

gen. Ist es doch durchaus denkbar, dass Hafis so etwas wie ein Berufungserlebnis gehabt hat. Der Entstehung besagter Legende hat der Dichter jedenfalls selber den Boden bereitet, und zwar nicht nur durch jenes Ghasel, sondern auch dadurch, dass er – sei es vielleicht auch nur spielerisch – von seiner Inspiration durch den Engel Gabriel redet, der nach islamischem Glauben auch dem Propheten die göttlichen Offenbarungen überbrachte.

Sicher ist, dass Hafis sich schon in jungen Jahren intensiv mit persischer und arabischer Poesie sowie mit islamischen Wissenschaften, namentlich Theologie und Koranexegese, befasst hat. Er beherrschte das Arabische souverän, wie die zahlreichen in den persischen Text verwobenen *Zitate* und selbstverfassten Verse in der Sprache des Koran beweisen. Den Koran hat er in- und auswendig gekannt, wie es ja sein Dichtername »Hafis« – »der (den Koran im Gedächtnis) Bewahrende« – bezeugt. Eine Zeitlang scheint er Professor an einer Medrese gewesen zu sein.[3]

Unsichere Nachrichten finden sich auch über eine zeitweilige Zugehörigkeit zu einem mystischen Orden von allerdings nur lokaler Bedeutung. Dieser Orden soll mit einem weiteren Schiraser Orden in ständigem Streit gelegen haben. Die häufigen Angriffe, die Hafis gegen die heuchlerischen »Sufis« (arabische Bezeich-

3 Dieser überall sonst als Tatsache berichtete Umstand wird in Ritters Artikel (vielleicht versehentlich?) mit keinem Wort erwähnt.

nung für die Mystiker) richtet, könnten hier ihren »Sitz im Leben« haben.

Was die familiären Verhältnisse betrifft, so scheint Hafis verheiratet gewesen zu sein, was mit der in manchen seiner Ghaselen zum Ausdruck kommenden homoerotischen Haltung nicht unbedingt in Widerspruch steht. Die Kommentatoren jedenfalls deuten ein Ghasel als Nachruf auf den Tod seiner Frau und ein weiteres als solchen auf den Tod eines Sohnes.

Mehr ist von seinem familiären und privaten Leben kaum bekannt, wenn man von einer nicht sicher nachweisbaren Reise nach der Stadt Jasd und den Lebensgepflogenheiten, auf die seine Verse schließen lassen, absieht. Auch die Art seiner aus zahlreichen Ghaselen hervorgehenden Beziehungen zu zeitgenössischen Fürsten und Würdenträgern ist nur in groben Umrissen erkennbar. Hafis durchlebte eine Periode politischer Wirren. Aber er scheint am Zeitgeschehen regen Anteil und, weit mehr als man früher geglaubt hat, auch in seiner Dichtung darauf Bezug genommen zu haben. In manchen Ghaselen nennt er die Namen von Fürsten oder Wesiren, sei es in Verbindung mit panegyrischen Versen, sei es in einer Art bloßer Zueignung am Schluss, die das Vorhandensein weiterer Bezüge auf den Gepriesenen in dem betreffenden Ghasel vermuten lässt. Da Hafis jedoch nahezu alles, was er ausdrücken möchte, in die ihm vor allem zu Gebote stehende erotische Bildwelt kleidet, wird jeder mögliche Zeitbezug verschlüsselt und in eine Sphäre der Abstraktheit transponiert, die konkrete Folgerungen selten zulässt.

Diese überaus schwierige Frage des Bezugs Hafisscher Ghaselen auf zeitgeschichtliche Größen und politische Ereignisse braucht uns hier nicht weiter zu beschäftigen; vielmehr beschränken wir uns auf die Nennung der wichtigsten Namen. Es sind im Wesentlichen drei Fürsten, die das Geschick von Schiras zu Hafis' Lebzeiten bestimmten. Zwei davon, Abu Ishāk (reg. 1343–53) aus dem Hause Indschū und Schāh Schudschā' (reg. 1358–85) aus der Dynastie der Musaffariden, waren literarisch interessierte, tolerante und sinnenfrohe Männer; der dritte dagegen (zeitlich der zweite), Mubāris ad-Dīn (reg. 1353–58), der Vater des Schāh Schudschā', war ein finsterer, grausamer Frömmler: Er unterbrach seine Koranlektüre, um zum Tode Verurteilte eigenhändig auf dem Leder neben seinem Throne zu enthaupten, und er übte diesen Akt nach eigenen Aussagen mindestens 800 Mal aus. Hafis nennt ihn den »Sittenvogt« und feiert seinen Abgang nicht zuletzt deswegen, weil der Nachfolger (Schāh Schudschā') das von Mubāris ad-Dīn erlassene leidige Weinverbot wieder aufhob (Nr. 4). Aber auch der bigotte Asket, dessen Ermahnungen Hafis sich bald spöttisch, bald ärgerlich verbittet, dürfte mitunter auf Mubāris ad-Dīn gemünzt sein (vgl. Nr. 16; 17; 18).

Schāh Schudschā' war Hafis besonders gewogen; und der Dichter schätzte den kunstsinnigen Mäzen nicht weniger. Dennoch kam es zu einem Zerwürfnis, und zwar aus einem – wenn die Überlieferung stimmt – ebenso läppischen wie charakteristischen Anlass: Schāh Schudschā' kritisierte Hafis einmal wegen des auffallenden Mangels an logischer Verbindung und Fortschreitung in seinen Gedichten. Hafis, offenbar empfindlich, gab das zu, stellte aber gleichzeitig fest, dass trotzdem der Ruhm seiner Dichtung in alle Winkel der Welt gedrungen sei, während der anderer Schiraser Dichter über die Grenzen der eigenen Stadt nicht hinausgehe. Das war ein gezielter Hieb gegen den poetisierenden Fürsten selber; und dieser rächte sich, indem er Hafis Ketzerei vorwarf; ja, er beauftragte einen Mufti, ein diesbezügliches Fetwa (religiös-juristisches Gutachten) auszuarbeiten. Die Fürsprache eines Freundes verhinderte das Schlimmste; aber das Verhältnis blieb wohl mehrere Jahre lang getrübt. Nichtsdestoweniger beklagt Hafis die durch feindlichen Einfall bedingte zweijährige Abwesenheit des Schāh aus Schiras in mehreren Gedichten als eine schmerzliche Trennung vom »Freunde«, bedient sich also auch hier wieder der erotischen Metaphorik (Nr. 45; 46).

Die letzten Jahre des Hafis sind durch die auf den Tod von Schāh Schudschā' folgenden Unruhen und schließlich den Einfall des Mongolen Timur-leng (im Abendland zu »Tamerlan« verballhornt) gezeichnet. Wie die Sage geht, begegnete Hafis auch diesem ebenso pathologisch-blutrünstigen wie gigantisch-genialen

Welteroberer in einem geistreichen Rendezvous. Hafis entschuldigte sich, er könne die von Timur auferlegte Steuer nicht entrichten. Timur entgegnete: Wer in einem seiner Verse behauptet habe, er sei bereit, für den Schönheitsfleck des Geliebten die Städte Samarkand und Buchara hinzugeben (Nr. 33), könne doch wohl nicht mittellos sein. Aber Hafis erwiderte schlagfertig: »Eben deswegen bin ich ja pleite!« Worauf ihm die Steuer erlassen wurde. – Den noch fernen Timur soll der Dichter in einem schwärmerischen Ghasel (Nr. 49) als nahenden Erneuerer der Welt begrüßt haben. Das ganze Gedicht ist jedoch stark erotisch gefärbt, und die Ausdrücke »Türkenschah« und »Samarkander Türke«, die vor allem Anlass zu dieser Deutung gegeben haben, können wegen der üblichen Bezeichnung des schönen, aber hartherzigen Geliebten als »Türke« und wegen der ebenfalls üblichen Hyperbolik – man vergleiche z. B. Ausdrücke wie »König im Reiche der Schönen« u. Ä. – auch auf den »Freund« bezogen werden, so dass diese ganze Interpretation zweifelhaft bleibt.

Kurz nach der unsicher überlieferten Begegnung mit Timur starb der Dichter 1389 in seiner Heimatstadt Schiras, die er, abgesehen von jener fraglichen Reise nach Jasd, zeitlebens nie verlassen und die er so geliebt hat, dass er ihr den Vorrang vor den Auen Edens gab (vgl. Nr. 33). In einem Ghasel widmet er Schiras nicht weniger als vier zusammenhängende Verse (RS II 105):

»Heil Schiras Dir! Unvergleichlich
ruhst du im Gelände.
Gott erhalte dich und alles
Unheil von dir wende!

Freudig Allahs Namen malend,
glänzen licht die Wellen
Deines Ruknastromes, gleichend
Chisers Wunderquellen.

Dschaafarabad, Musalla:
Gärten, Blumentriften,
Überweht von kühlem Nordwind,
süß von Ambradüften.

Kommt denn nach Schiras, zu schöpfen
Heil'gen Geistes Gaben
Von den Männern, die Vollendung
dort erlanget haben!«

(Übersetzung des Hrsg.)

»Heil'gen Geistes Gaben« – das ist eine Umschreibung für Hafis' Dichtung; und dieser wollen wir uns nun zuwenden.

II. Die Dichtung des Hafis

Hafis' Dichtung, so sagten wir eingangs, stellt eine geniale Synthese verschiedener geistiger Strömungen und Traditionen seiner Zeit dar. Welches sind nun diese von ihm verschmolzenen Elemente? Im wesentlichen vier:

1. die literarische Tradition,
2. die vorislamische Überlieferung,
3. die islamische Gedankenwelt,
4. die islamische Mystik.

1. Die literarische Tradition

Bei Betrachtung der literarischen Tradition müssen wir weit ausholen und verschiedene Stränge – oder Ebenen – unterscheiden: Einmal nämlich ist die inhaltliche von der formalen, vor allem rhetorischen Tradition zu sondern, zum anderen die arabische von der persischen.

Zunächst sei kurz die äußere Form des Ghasel erläutert: Es stammt aus der arabischen Dichtung, die die strophische Form – abgesehen von der spanisch-arabischen Dichtung – nur sporadisch verwendet hat, ansonsten sich aber einer nicht strophisch gegliederten monolithischen Form bedient. Die Elemente dieser Form sind der durch eine feste Zäsur in zwei Hälften zerfallende Vers, der gleichbleibende Reim (Monoreim oder Kettenreim), der jeweils am Ende der zweiten Vershälfte, im ersten Vers jedoch auch schon am Ende der ersten Vershälfte, auftritt, sowie der gleichbleibende Versfuß, d. h. jeweils eines der sechzehn arabischen Metren, die die persische Poesie mit leichten Abwandlungen übernommen hat. Beim persischen Ghasel kommt als weitere Eigenart die Nennung des Dichternamens – in der Regel ist es ein später angenommener *nom de plume* – im letzten Vers hinzu, gleichsam als Wertmarke und Eigentumssiegel. Merkwürdig ist dabei, dass sich der Dichtername oft zu einem selbstständigen Wesen neben dem Ich des Dichters entwickelt, so, als sei es der Name seines Genius, seiner männlichen Muse (vgl. z. B. Nr. 20 und 46).

Unter Ghasel versteht man heute im Deutschen ein Gedicht mit Kettenreim; im Arabischen jedoch, wo dieses Reimprinzip wie gesagt die Regel ist, bezeichnet das Wort *ghazal* ein Liebesgedicht; und diese Bedeutung hat es auch im Persischen.

Hafis hat nun das Ghasel in zweierlei Hinsicht revolutioniert: einmal durch jene inhaltliche Inkohärenz, die schon Schāh Schudschā' kritisierte und die auch der abendländischen Forschung viel Kopfzerbrechen bereitet hat, zum anderen dadurch, dass er die erotische Bildwelt des Ghasel für panegyrische Zwecke verwendet, genauer gesagt, Fürstenlob und Minnedichtung so miteinander verschmilzt, dass nicht nur der verherrlichte Geliebte für den Fürsten, sondern auch umgekehrt der gepriesene Herrscher für den Geliebten stehen kann.

Wie immer man diese erotische Bildwelt deuten mag, Hafis' Dichtung ist vor allem Liebesdichtung, und als solche verwendet sie inhaltliche Elemente, literarische Topoi, die sich z. T. bis in die altarabische Poesie (und darüber hinaus bis ins Altertum) zurückverfolgen lassen. Das gilt etwa für das »Geheimnis« des Liebenden, von dem Hafis so oft redet. Wenn der altarabische Dichter sein Liebchen in einem benachbarten Zeltlager besuchte, so war das u. U. ein gefährliches Abenteuer: »Wächter« lauerten ihm auf. Äußerste Geheimhaltung war ratsam. Aber:

»Wie soll ich ein Geheimnis wahren,
von dem ich ganz durchdrungen bin?«

klagt schon ʿUmar ibn abi Rabīʿa, ein berühmter arabischer Liebesdichter des 7. Jahrhunderts, und Hafis fragt:

»Wie verbirgt sich ein Geheimnis,
das man unter Leute trug?«

(Nr. 12d,6)

Der Liebende verrät sich durch den Glanz seiner Augen, durch die Tränen, durch sein närrisches Gebaren und – wenn er Dichter ist – obendrein und vor allem durch seine eigenen Verse (vgl. Goethes »Geständnis«

im »Buch des Sängers«). »Liebe« wird dann, wie etwa auch bei dem persischen Epiker Nisami, zu einem Schlüsselwort für Dichtung oder auch für den ungebundenen »irren« Lebenswandel des Dichters, der von seiner Dichtkunst reden kann wie von einer Geliebten (Nr. 60). Und in diese Deutung fügen sich weitere gewohnte Bilder der Liebesdichtung: Der »Wächter« etwa ist ein Konkurrent am Hofe des als »Geliebter« verherrlichten Herrschers, und die »Erhörung« der »Liebe« des Dichters wäre in diesem Kontext vielmehr als das erhoffte Honorar seiner Poesie zu verstehen. Mit dem »Geheimnis« ist bei Hafis mitunter aber auch das heimliche Zechen gemeint, und der »Wächter« steht in diesem Falle für die überall lauernden frommen Philister oder den offiziellen Sittenvogt.

Zu den literarischen Topoi gehören im Übrigen auch die Kulissen der Zechgelage: die blühenden Gärten, grünenden Ufer und säuselnden, häufig als Liebesboten dienenden Lüfte, die als Taverne benutzte Klosterruine u. a. m.

Neben diesen inhaltlichen Topoi stehen die eher »technischen«, vor allem ein Vorrat stereotyper Vergleiche und aus Vergleichen entstandener Metaphern, letztere in der persischen Poesie fast als Vokabeln fungierend. Sie kommen namentlich bei der Beschreibung des oder der Geliebten zur Anwendung und seien hier auszugsweise angeführt: Die Locken sind Ketten oder Fesseln, die Augen sind (wegen des trunkenen Glanzes)

Narzissen, die Brauen Bögen (meist auf die Waffe, häufig aber auch auf den Gewölbebogen der Gebetsnische islamischer Moscheen bezogen), die Wimpern Pfeile oder Schwerter, die Wangen Tulpen, der Wangenflaum ein Fangnetz, das überaus wichtige indische Schönheitsmal bald ein Gersten- oder Weizenkorn, bald ein Bauer im Schachspiel, der Mund ein Rubin, das Kinn ein Apfel, das ganze Gesicht Mond oder Sonne und der Körper eine schlanke Zypresse oder ein Buchsbaum. Hinzu kommt eine Reihe von Metaphernpaaren, die zur Veranschaulichung der Liebesbeziehung verwandt werden. Die wichtigste oder häufigste dieser Doppelmetaphern ist die Verbindung Rose – Nachtigall, wobei jene die schöne, aber stolze und unnahbare Geliebte, diese den durch unerfüllte Liebessehnsucht zu schluchzendem Gesang bewegten Liebhaber (und Dichter) symbolisiert. Andere Bilder für diese Beziehung sind Zuckerverkäufer und Papagei (Nr. 43,2), Jäger und Gazelle (Nr. 43,1), König und Bettler (z. B. Nr. 20,3–7; 23,7; 30,4) u. a. m.

Dass alle diese Bilder sich nicht abnutzen, liegt an der Raffinesse, mit der sie variiert werden. Damit kommen wir zu der für die gesamte spätere Dichtung der islamischen Welt wichtigen Kunst stilistischer Ornamentierung, deren Tradition gleichfalls weit in die arabische – und natürlich auch persische – Vergangenheit zurückreicht. Unter den zahlreichen rhetorischen Figuren, die mittelalterliche Poetiker aufzählen, ragen einige wenige durch beherrschende Bedeutung hervor. Es sind dies die Antithese, die Beibehaltung der Bildsphäre, das Spiel mit Homonymen, die Hyperbel und schließlich die von Hafis besonders virtuos gehandhabte, auf Metaphern aufbauende »phantastische Argumentation«. Antithese und einheitliche Bildwahl sind auch uns vertraute Figuren, nur dass die Regelmäßigkeit, ja der Zwang, womit ihre Gesetze befolgt werden, unserem ästhetischen Empfinden fremd sind. Hat der Dichter in der ersten Vershälfte »weiß« gesagt, muss in der zweiten »schwarz« folgen; hat er vom »Schlafen« geredet, so muss er mit »Wachen« fortfahren. Das Gesetz der einheitlichen Bildwahl fordert, dass alle Vergleiche und Metaphern eines Verses aus der gleichen Bildquelle, z. B. der Sphäre der Schifffahrt, stammen. Fehlen die genannten Entsprechungen, so muss der Mangel durch irgendeine andere Figur ersetzt werden; denn mindestens eine rhetorische Pointe ist in jedem Vers obligatorisch.

Fremdartiger als die genannten Figuren berührt uns der Gebrauch, den Dichter wie Hafis von der Hyperbel machen. Die Wurzel dieser Figur dürfte im Herrscherlob liegen, das den Dichter in der Regel ja zur Unaufrichtigkeit nötigt. Manieristische Stile, zu deren Charakteristika die Hyperbel gehört, pflegen im Kreise von Hofdichtern absolutistischer Dynasten zu blühen. Der Verantwortung für die vom Herrscher geforderte maßlose Verherrlichung mag sich der Dichter dadurch – bewusst oder unbewusst – zu entziehen suchen, dass er die Übertreibung zum stilistischen Element erhebt, dadurch zugleich sanktioniert und inhaltlich entwertet. Jedenfalls ist der sogenannte Überbietungsvergleich, in welchem sich das Herrscherlob und die Verherrlichung des Geliebten bei Hafis vor allem vollzieht, ein jenseits der Realität liegendes geistiges Spiel, mit dem einzigen Ziel, die Inferiorität des Vergleichsobjektes gegenüber dem Verglichenen, und damit dessen Superiorität, immer aufs neue zu erweisen (vgl. z. B. Nr. 24). Das Lächerliche, das in dieser Übertreibung für unser Empfinden oft liegt, wird durch die Virtuosität, mit der sie Meister wie Hafis handhaben, überspielt, ja man vermeint mitunter das Augenzwinkern des Dichters zu spüren, wenn er z. B. schildert, wie der Geliebte mit jeder Locke seines Haares einen Liebhaber fesselt, mit jeder Wimper einem das Herz durchbohrt, oder wenn er von der Flut der Tränen spricht, aus der ihn nur die Arche Noahs retten könne, was entweder bedeutet: ein Vertrauen wie das des Noah oder aber – ein mit Wein gefüllter Pokal; denn Noah gilt u. a. als der Erfinder des Weines (Nr. 4,6; 50,6).

Mit dem zuletzt Gesagten haben wir bereits das wichtigste, fremdartigste und faszinierendste Terrain persischer und insbesondere Hafis'scher Poesie betreten, das der phantastischen Argumentation, die man, weniger glücklich, auch als »phantastische Ätiologie« bezeichnet hat. Die phantastische Argumentation besteht in einem schillernden Gedankenspiel, das auf der Verwendung von Metaphern in ihrem metaphorischen und ihrem eigentlichen Sinne zugleich beruht. Dass Hafis der Lippe des Geliebten bedarf, begründet er etwa auf folgende Weise: Er leide an Schwermut, und der Geliebte möge ihm die Arznei mit seiner Lippe reichen, besitze er doch den für den »Freudenspender« notwendigen Rubin: »Freudenspender« sind mittelalterliche »Antidepressiva«, die u.a. pulverisierte Edelsteine enthielten. Der Liebende, der schon aufgrund der stereotypen Beziehungsmetapher Bettler – König mittellos ist, kann sich diese Arznei natürlich nicht leisten; aber der Geliebte besitzt die kostbarste und wichtigste Zutat, den Rubin; denn seine Lippe *ist* ein solcher. Die natürliche Beziehung zwischen geliebter Lippe und Liebesverlangen wird also durch eine weitere Beziehung, die zwischen Depression und Antidepressivum, begründet, eine Beziehung, die an sich nicht weniger real und »notwendig« ist als die andere, insofern aber phantastisch, als es sich gar nicht um einen wirklichen, sondern nur um einen metaphorischen Rubin handelt. Die Verwandlung des Metaphorischen in Wirkliches, ein in der Phantasie vollzogener, im Grunde magischer Akt, den die Literaturwissenschaft etwas spröde als »Naturalisierung« von Metaphern bezeichnet, ist also das eigentliche Geheimnis dieses Spiels. Und es ist ein Spiel, dessen Möglichkeiten schier unbegrenzt sind, vorausgesetzt, dass die literarische Tradition dem

Dichter einen ausreichenden Vorrat an allgemein bekannten Metaphern bereithält. So ist Hafis im Magier-Kloster willkommen, weil in seiner Brust (wie in den Feuertempeln des Zoroastrismus) ein nie verlöschendes Feuer lodert (RS I 277,8), der Wein ist ein Weisheitsvermittler, da er ja wie Diogenes im Fasse ruht (Nr. 5,3); der Kluge verliert gerne den Verstand, wenn er dadurch in den Genuss gelangt, in jene Ketten (= Locken des Geliebten) gelegt zu werden (Geistesgestörte wurden mit Ketten gefesselt) (Nr. 11,4; ähnlich Nr. 3,11; 64,9). Und der unerhört Liebende hat ein gelbes Gesicht, nicht vor Gram, sondern weil ihm die Alchimie der Liebe – der Geliebte ist ein Alchimist – die Wangen in Gold und die Tränen in Silber verwandelt hat (RS I 499,8; 713,3), weshalb er auch, obwohl bettelarm, reicher als jeder König ist.

Zur literarischen Tradition gehören noch zwei weitere für das Verständnis Hafis'scher Poesie bedeutungsvolle Aspekte. Da ist zunächst der Wechsel der grammatischen Person zu nennen, ein von arabischen Poetikern schon früh als rhetorische Figur aufgefasstes sprachliches Gebaren, dessen sich Hafis besonders gern und virtuos bedient, indem er nicht nur von der ersten zur zweiten oder dritten Person übergeht (und überdies vom Singular zum Plural, d. h. Selbstaussage und Anrede an den Freund erfolgen häufig im Plural), sondern vor allem auch die angeredete Person ständig wechselt. Er redet sich selbst an (z. B. auch unter dem

Bilde der Nachtigall) und den Geliebten (auch unter verschiedenen Bildern wie Rose, Zypresse, Schenke, Königsreiter u. a.), dann den Ostwind, den Magier-Prior und seine Zechgenossen, den Prediger, den Asketen, den Stadtvogt usw. Es gibt Gedichte, in denen beinahe jeder Vers einen anderen Adressaten hat – und das führt uns auf den zweiten hier noch kurz zu streifenden Aspekt, die oben schon erwähnte Inkohärenz der Hafis'schen Gedichte.

Ein altes Ideal arabischer Dichtung lautete, jeder Vers solle ein in sich abgeschlossenes Ganzes bilden, wie eine Perle an einer Kette. Der einzelne Vers ist hier also wichtiger als das Ganze des Gedichtes. Freilich bedingt die Erfüllung dieses Ideals nicht notwendig jenes Schweifen, jene Sprunghaftigkeit der Gedanken in vielen Hafis-Ghaselen, die bis zur Widersprüchlichkeit gehen kann, so dass im gleichen Gedicht etwa das Glück der Nähe des Geliebten wie ein erreichtes Ziel besungen und in einem späteren Vers die Trennung wie ein unentrinnbares Schicksal beklagt wird.

In der Regel allerdings lassen sich bestimmte Motive erkennen, zwei oder drei in einem Ghasel, wobei der Schlussvers oft zum Motiv des ersten Verses zurückkehrt. Solche Motive sind z. B. die Reise oder Pilgerfahrt (Nr. 12; 30 u. ö.), die Schifffahrt (Nr. 12; 50), das Erwachen des Frühlings (z. B. Nr. 6), Saat und Ernte (Nr. 34), Kaiser und Bettler (Nr. 20) u. a. Daneben gibt es aber auch Ghasele, die nur *ein* Motiv variieren – vor allem solche, die einen sogenannten Echoreim, d. h. ein an jedem Versende nach dem eigentlichen Reim refrainartig wiederkehrendes Wort – oder mehrere solcher Wörter –, haben. So hat ein Ghasel den Echoreim »Hafis« (RS II 147 – der Inhalt dieses Ghasel ist allerdings enttäuschend konventionell), ein anderes *darvīšānast* (RS I 95/97), es behandelt also das Wesen der Derwische. Andere Gedichte sind aufgrund des Echoreimes »Auge« (RS II 273), »Braue« (RS II 485) oder »Wangen« (Nr. 24) Hymnen auf diese Schönheitsattribute. Der Echoreim kann aber auch lediglich eine einheitliche Stimmung bewirken, wie z. B. die Wörter »ist meine Lust« (RS I 203), »gräm dich nicht« (von uns in Nr. 50 mit »sei getrost« übersetzt), »ich sterbe dir« (Nr. 37), »Trennung« (Nr. 46) u. Ä.; oder er kann eine gleichbleibende Dynamik erzeugen, wie die Bewegungsverben »ich sende« (RS I 205), »er floh« (Nr. 45) u. Ä.

Ob dem Aufbau der einzelnen Ghasele des Hafis ein bewusster, wohldurchdachter Strukturplan zugrunde liegt, ist umstritten. Man hat davon gesprochen, dass jeder Vers mit dem vorhergehenden und dem folgenden assoziativ verbunden sei (Lescot), dass alle Verse eines Ghasel wie Strahlen aus einem gedanklichen Zentrum entsprängen (Fokaltheorie von Wickens) oder dass mehrere Themen leitmotivisch (Schaeder) bzw. kontrapunktisch (Arberry) miteinander verarbeitet seien. Alle diese Theorien bestätigen jedoch, dass der nach logischem Zusammenhang suchende Leser bei

Hafis erst einmal enttäuscht wird. Die These Lescots, dass entweder ein – wenn auch verhüllter – Zusammenhang bestehe oder aber die Reihenfolge der Verse durch nachlässige Kopisten gestört sei, macht die Sache wohl etwas zu einfach. Dennoch ist einzuräumen, dass man bei genügender Phantasie immer irgendeine Verbindung von Vers zu Vers konstruieren kann, zumal Hafis nur eine beschränkte Anzahl von – noch dazu untereinander verwandten – Themen behandelt. Unangebracht scheint mir der Versuch Broms', eine Parallele zwischen Hafis und den französischen Symbolisten bzw. überhaupt moderner europäischer »poésie pure« zu ziehen. Denn die Irrationalität der letzteren ist etwas völlig anderes als die, der wir bei Hafis begegnen und die darin besteht, dass in sich zumeist klare und logische Verse infolge des fehlenden Kontextes dunkel werden und mehrdeutig zu schillern beginnen. So viel wird man jedenfalls sagen können: Es liegt hier kein Unvermögen, sondern ein bewusstes Stilprinzip vor. Themen werden angetönt, aber nicht ausgeführt, sondern bewusst unterbrochen oder gänzlich verdrängt durch anderes. Wenn man will, kann man darin auch eine formale Realisierung der zügellos schweifenden Gedanken eines Trunkenen sehen, eines trunkenen Dichters freilich, der im Rausch Geheimnisse erschaut, die dem Verstand verschlossen bleiben.

2. *Die vorislamische Überlieferung*

Mit vorislamischer Überlieferung meinen wir in diesem Zusammenhang vor allem die altpersische Tradition. Zwar finden sich bei Hafis auch ursprünglich jüdische und christliche Elemente; doch kann man diese im Hinblick auf ihre Assimilation durch den Islam als islamisches Geistesgut betrachten. Hafis spielt mit den Namen der alten, teils mythischen, teils historischen Könige, die Firdausis *Königsbuch*, das persische Nationalepos, behandelt. Am häufigsten nennt er Dschemschīd, der im Besitze eines magischen Pokals (»Weltenglas« Nr. 14,4; 41,6; 64,1) war, in dem die Geheimnisse des Universums sich erschauen ließen; sodann die Sassaniden Kai-Chosro (Chosro entspricht Cäsar), Kaika'ūs (Nr. 34,4) und Chosro Parwēs (Nr. 38,8), deren Namen als Symbole der Größe und Vergänglichkeit irdischer Macht begegnen. Chosro Parwes spielt daneben vor allem als leidenschaftlicher Umwerber und schließlich Gatte der Schīrīn eine symbolische Rolle; die beiden sind eines der klassischen Liebespaare islamisch-orientalischer Literatur und eines der seltenen Paare überdies, deren Liebe mit glückhafter Vereinigung gekrönt ward (Symbole unerfüllter und unerfüllbarer Leidenschaft sind dagegen die Paare Farhād und Schīrīn und – aus der altarabischen Überlieferung – Laila und Madschnūn [Nr. 25,6]).

Vor allem aber ist es der »Magierglauben«, die Religion Zarathustras, die Hafis in merkwürdiger Weise in seine Dichtung einbezieht. Es muss hier vermerkt werden, dass der von Hafis so hoch geschätzte Wein, der gerade in Persien ungeachtet des islamischen Verbots jederzeit heimlich oder öffentlich genossen wurde, in den Klöstern von Christen und Magiern gehandelt und kredenzt wurde. So kommt es, dass Hafis in der Schenke den »Magier-Prior« (von manchen Übersetzern mit »der Alte Wirt« wiedergegeben) findet (Nr. 12,3 [12d,4]; 19,8 f.). Der Islam hat in diesen Gemäuern, meist Ruinen, nichts zu suchen. Nur der Sufi (zu diesem Begriff vgl. S. 162 und 187 f.), der seine Mönchskutte – bei Hafis immer ein Symbol frommer Heuchelei – als Pfand an der Pforte lässt, hat Eintritt in die Schenke (Nr. 17,5); und sollte einer seinen Gebetsteppich mitgebracht haben (der dem Muslim zur Herstellung ritueller Reinheit dient), so mag ihm wohl der »Alte Wirt« den Rat erteilen, ihn mit Wein zu färben (Nr. 12,3); denn für die Eingeweihten bewirkt der Wein keine Befleckung, sondern vielmehr erst die wahre Reinigung (RS I 309,1). Der Magier-Greis ist es auch, der die Rätsel der Welt zu lösen vermag (Nr. 19,8), sein Pokal gleicht dem Weltenglas des Dschemschīd (Nr. 64,4). Aber nicht nur der Alte zieht Hafis an, auch die Jungen, die Schenken mit dem frisch erblühten Wangenflaum und den trunkenen, fieberkrank glänzenden Blicken, deren jugendliche Schönheit wie ein Abglanz göttlicher Herrlichkeit erscheint.

Mithin gehört zu den vor- oder unislamischen Elementen Hafis'scher Dichtung auch ein hedonistisch-libertinistischer Zug: Der Dichter nennt sich selber mehrfach *rind*, was etwa so viel wie »Schelm«, »Vagabund«, »Freigeist« (oder modern so etwas wie »Hippie«) bedeutet und den Jünger einer in Persien weitverbreiteten Lebenshaltung bezeichnet. Der bekannteste Vertreter dieser Haltung vor Hafis war Omar Chaiyam, der »Zeltmacher« (gest. um 1122), von dem Hafis sichtlich stark beeinflusst ist. Omar, einer der bedeutendsten Mathematiker des islamischen Mittelalters, hat seine Weltanschauung in berühmten, auch im Abendland (namentlich im 19. Jahrhundert) vielgelesenen Vierzeilern (Übersetzungen von Adolf von Schack u. a.) formuliert, deren wesentliche Gedanken die folgenden sind: Die Welt ist vergänglich. Jeder Krug, aus dem wir trinken, jede Rose, die erblüht, ist aus dem Staub von Toten geformt. Was außer dem sichtbaren Zerfall des Leibes nach dem Tode unser harrt, ist ungewiss. Nutzen wir also den Augenblick durch Genuss, namentlich Genuss des Weines. Der Wein ist die Quelle des Lebens, der Weisheit und der Freuden. So weit die banale Seite der Omar'schen Gedanken. Da nun aber der Wein dem Muslim verboten ist, wird diese Weltanschauung bei vielen ihrer Vertreter im Islam zur Protesthaltung[1], verbindet sich mit deutlich antiislamischen Akzenten. Die fromme Kritik wird energisch zurückgewiesen, und nicht nur das; man hält den Philistern ihre eigenen widersprüchlichen Dogmen ironisch entgegen, was bei Omar bis zu sarkastischem Spott reicht: Wenn nach islamischer Lehre schon bei der Schöpfung die menschlichen Schicksale festgelegt wurden, wie kann uns dann Gott für irgendwelches Tun zur Rechenschaft ziehen? Und andererseits: Wenn Er laut Koran der Große Verzeiher ist, so muss es doch auch Sünder geben, die Seiner Verzeihung bedürfen. Was schließlich den Wein betrifft, so darf man ihn nicht nur, man muss ihn sogar nach islamischer Lehre trinken: die Rebe ist ein Feind der Religion, und der Prophet befiehlt, das Blut der Glaubensfeinde zu trinken!

Von keiner Religion, auch nicht vom Islam mit seinen 72 Sekten, ist für Omar Aufklärung über die Rätsel des Lebens zu erwarten. Die wahre Religion ist daher die Religion des Herzens:

»Wenn in deines Herzens Tiefen nur die Saat der
Liebe sprießt,
Gleich ist, ob du in Moscheen oder Götzentempeln
kniest;
Hast du in das Buch der Liebe deinen Namen
eingeschrieben,
Nicht mehr denkst du dann an Strafe oder an
Belohnung drüben.«

(Übersetzung: A. v. Schack)

Ganz ähnliche Gedanken finden wir auch bei Hafis, wie die folgenden Abschnitte noch des Näheren zeigen werden (vgl. insbesondere Nr. 59).

3. *Die islamische Tradition*

Hafis war Theologe, Lehrer für Exegese, ein profunder Kenner des Koran und der Frommen Tradition. Es braucht daher nicht zu verwundern, dass er es liebt, auf islamische Dinge anzuspielen; freilich oft in einer Weise, die frommes Empfinden verletzen musste: So spricht er nicht selten von der »Nacht der Macht« (*lailat al-qadr*), jener Nacht, in der dem Koran zufolge die erste Offenbarung an Muhammad erfolgte (Sure 97). Für Hafis jedoch ist diese Nacht, die »besser ist als tausend Monate« und in der »die Engel und der Geist herabsteigen« (Sure 97), die Nacht der Vereinigung mit dem Geliebten (RS II 35,1; ähnlich RS I 67,1). In einem anderen Gedicht (das sich auf seine Berufung beziehen soll) sagt er, dass er mit dem Wein des »Wesens« und der »Eigenschaften« (Gottes) – beides Termini aus der Theologie – getränkt und dadurch zum Spiegel Seiner Schönheit geworden sei (Nr. 54).

Und natürlich spielen die Gestalten der Prophetenlegende eine wichtige Rolle: Noah, der mit der Arche durch die Fluten segelt (Nr. 4,6; 50,6); Nimrod, der Abraham ins Feuer werfen lässt – das Feuer Nimrods ist jedoch durch göttlichen Eingriff »heilsam und kühl« (Sure

21,69, vgl. Nr. 6,5); der »verlorene Joseph« in Ägypten, um den Jakob in Kanaan trauert (Nr. 50,1), der Suleikas Keuschheit in Gefahr bringt (Nr. 33,5), selbst aber der Versuchung widersteht; der psalmensingende David (Nr. 6,8); Salomo, der den Geistern gebietet, auf dem Wind reitet (Nr. 6,8) und den Wiedehopf (Hudhud) als Boten seiner Liebe zur Königin von Saba sendet (RS I 205,1); Jesus schließlich, dessen Odem Tote erweckt (Nr. 6,6) und der frei von jeder irdischen Bindung in überirdischem Lichtglanz gen Himmel steigt (Nr. 34,3). Muhammad dagegen, dessen idealisierte Lichtgestalt andere Dichter zu überschwänglichen Hymnen hinriss, vermochte Hafis' Phantasie offensichtlich nicht zu beflügeln, wenn auch fromme Muslime esoterischer Richtung die Verherrlichung des »Freundes« ohne weiteres auf ihren Propheten zu beziehen vermögen. Hafis bekennt nur einmal ausdrücklich, dass er »den Gottgesandten« liebe (RS II 249, Schluss); im Übrigen besitzen wir kein Zeugnis seines Verhältnisses zu Muhammad. Fest steht jedoch, dass er den offiziellen Vertretern der islamischen Orthodoxie, dem »Prediger«, dem das Äußerliche verehrenden Asketen (RS I 71,1), dem orthodoxen Sufi (Nr. 18), skeptisch bis ablehnend gegenübersteht. Er kritisiert ihre auf die Erfüllung äußerlicher Riten bedachte Frömmigkeit und weist ihre Ermahnungen bezüglich seines Lebenswandels als heuchlerisch zurück. Aber diese Kritik ist nur die negative Seite dessen, was er selber positiv als sein Bekenntnis verkündet:

»Unser Glaubensziel ist in beiden Welten [d. h. im Diesseits und im Jenseits] allein die Gemeinschaft mit dem Freund« (RS I 247,6). Das also, die göttliche Verehrung des geliebten Wesens, ist die Religion des Hafis. Und entsprechend wird denn auch »der Freund« beschrieben: Sein Antlitz ist ein Koran voll göttlicher »Wunderzeichen« (so werden die einzelnen Koranverse genannt: Nr. 11,5), Seine Augenbraue der Mihrab (Gebetsnische in der Moschee), vor dem Hafis betet (RS II 415,6), Sein Domizil die Kaaba, zu der allein Hafis pilgert (Nr. 38,7). Hafis ist sich des Bedenklichen seiner Anschauung durchaus bewusst, spricht er doch vom Freund als von seinem Götzen (Nr. 38,1) und bezeichnet sich selber einmal als einen »Ketzer der Liebe« (*kāfir-i ʿišq* RS I 449, Schluss).

Typisch islamisch ist es hingegen wieder, wenn er sich – allerdings mitunter ironisch – auf die Prädestination beruft (Nr. 3,6 u. ö.) und auf die im Koran so oft betonte Bereitschaft Gottes, dem Muslim zu verzeihen (Nr. 6, Schluss; 40,6) – beides, wie wir sahen, Momente, die schon bei Omar Chaiyam begegnen. Aber ist Hafis Muslim? Wir erwähnten oben bereits seine Verehrung für den Magier-Prior; einmal fordert er sogar dazu auf, den Magier-Glauben zu erneuern und die alten Legenden von ʿĀd und Thamūd (koranische Beispiele dafür, wie Gott Völker straft, die ihre Propheten verachten) zu vergessen (Nr. 6,5 f.). In anderen Versen bekennt er sich offen oder verhüllt zum Christentum (vgl. Abschnitt III). Aber auch der Koran wird vereinzelt als Quelle des Glückes und der Kraft zum Ausharren im Leid gepriesen (Nr. 50,10). Alles dies jedoch steht im Zeichen der Liebe zum »Freund«: Für Hafis besteht kein Unterschied zwischen Schenke und Moschee (Nr. 20,4), zwischen Moschee, Kirche und Feuertempel, wenn nur der »Freund« nahe ist (Nr. 16,5).

4. *Die islamische Mystik (Sufismus)*

Mystik ist bekanntlich eine in allen Weltreligionen vorhandene Form religiösen Lebens und Erlebens, deren gemeinsames oberstes Ziel die geheimnisvolle Verschmelzung mit der Gottheit, die »unio mystica«, ist. Der Mystiker erlebt sie in Augenblicken der Ekstase schon auf Erden. Doch um dieses Ziel zu erreichen, bedarf es eines langen Weges; und mehr als das vielleicht doch unerreichbare Ziel ist der »Weg« Inhalt mystischen Lebens, der Weg mit seinen Stationen, seinen Gefahren und Qualen (Nr. 12; 30), die freilich der Gedanke ans Ziel harmlos, ja als Lust erscheinen lässt (Nr. 38,7; 50,7). Die Pilgerfahrt nach Mekka bietet sich da wie von selbst als Bild an. Und die Sehnsucht nach der Gottheit wird, wie in der mystischen Literatur anderer Religionen (man denke nur an zahlreiche christliche Choräle) so auch in der islamischen Mystik, gern durch erotische Bilder veranschaulicht. Jener »Freund« kann also als Bild der Gottheit verstanden werden. Die seltsam überirdische Entrücktheit des Freundes ist, so gedeutet, nicht mehr befremdlich: Denn Gott ist ja für den Glaubenden und Liebenden tatsächlich der Inbegriff aller Schönheit; er schenkt Leben, ist der Quell allen Glückes und der Arzt aller Schmerzen (Nr. 39). Aber ist er nicht doch ein irdischer Abgott, dieser Freund mit dem steinernen Herzen (Nr. 11,6), der den Liebenden ungerührt leiden und sterben lässt, der mit dem Stahl seiner Wimpern oder den Pfeilen seiner Blicke Hunderte von ihm Verfallenen tötet (Nr. 42)? Nun, auch diese Züge vertragen sich recht gut mit dem Gottesbilde des Koran, das Härte, List und Willkür durchaus einschließt. Zugleich trägt dieser Freund damit aber die Wesensmerkmale des orientalischen Herrschers, und so wird er denn oft genug mit dem König verglichen, dem der Liebende als Bettler gegenübersteht. Jede Seiner Gesten, wie hart, ja grausam sie auch sei, geschieht nicht nur rechtens, sie beweist auch Huld; ist doch der Liebende dankbar für die geringste Beachtung, selig, den Staub vor der Pforte Seines Palastes küssen (Nr. 20,5; 29,5 u. ö.) oder sich damit die Augen schminken zu dürfen (Nr. 31,3). Gott, Fürst und Geliebter verschmelzen durch diese Metaphorik zu einer unentwirrbaren Trias.

Es kommt nun noch ein weiteres Element hinzu, das, ganz im mystischen Erleben wurzelnd, sehr irdisch in Erscheinung treten kann. Lebt der Liebende allein dem Geliebten, opfert er seine Seele, gibt er sein Selbst für Ihn hin (Nr. 37; 44), das ihn wie ein Schleier von dem göttlichen Freund trennt (Nr. 57), so gehört zu dieser totalen Liebe auch der Verzicht auf Selbstgerechtigkeit, auf jede Art von Verdienst durch Werke, wie sie für den gesetzestreuen Frommen und Frömmler charakteristisch sind. Die islamische Mystik kennt daher unter ihren zahlreichen Orden und Schulen solche, die ein bewusst anstößiges Leben zum Prinzip erheben, um ihre Unabhängigkeit von äußeren Riten und Formen, ihren Verzicht auf Selbstgerechtigkeit unter Beweis zu stellen. Die Sehnsucht des wahrhaft Liebenden erfüllt seine Seele so sehr, dass selbst der Gedanke an die Freuden des Paradieses eine Ablenkung, ein Abirren vom allein erstrebten Ziel wäre (Nr. 19,2). Wenn also Liebe und ungebundener Lebenswandel (*rindī*) für Hafis wie für Omar Chaiyam zusammengehören, so liegt darin nicht notwendig ein Element, das mystische Deutung ausschließt. Irdisch oder mystisch verstanden, bildet diese mit dem Goetheschen »Freisinn« verwandte (wenn auch nicht damit gleichzusetzende) Ungebundenheit eine wohltuende Ergänzung menschlicher Nähe zu der eigenartig fremden, geheimnisvoll-unwirklichen Erotik Hafis'scher Lyrik, einer Erotik, in der sich orientalische Herrschervergötzung, islamische Gottesfurcht und geradezu masochistisch anmutende Züge irdischer Liebe mit echter mystischer Gottesminne auf einzigartige Weise untrennbar vermischen.

Die Frage, in welchem Sinne Hafis' Lyrik aufzufassen sei, hat verständlicherweise viele Gelehrte im Osten wie im Westen beschäftigt und wird bis zur Gegenwart unterschiedlich beantwortet. Während im persischsprachigen Orient heute bei Laien fast einhellig die Meinung herrscht, Hafis sei mystisch zu deuten, gehen die Urteile iranischer und europäischer Gelehrter nach wie vor weit auseinander. Im 19. Jahrhundert haben Joseph von Hammer und Vincenz von Rosenzweig-Schwannau, die allein aufgrund ihrer vollständigen deutschen Übersetzungen des gesamten *Diwan* zu den besten Hafis-Kennern gezählt werden müssen, sein Werk fast uneingeschränkt anakreontisch aufgefasst, wobei sie allerdings auf dem exoterisch gesinnten türkischen Kommentator Sūdi (gest. um 1600) fußten, dem mystische Kommentatoren wie Schemʿi und Surūri gegenüberstehen. Im Abendland ist es vor allem der Engländer Arberry, der mit Ausnahme einiger Jugendgedichte den Dichter mystisch deutet, und, noch entschiedener, mit geradezu dogmatischer Strenge, sein Landsmann Leonard Lewisohn in seinem jüngst erschienenen Sammelband *Hafiz and the Religion of Love* (siehe Literaturverzeichnis). Der französische Hafis-Forscher Lescot versteht, basierend auf bahnbrechenden Arbeiten der persischen Gelehrten Muhammad Qazwīnī und Qāsim Ghanī, die erotische Sprache als Metaphorik in panegyrischen Diensten und gelegentliche mystische Anklänge als Konzession an eine Mode der Zeit. Der sowjetische Iranist Braginskij hob im Anschluss an den persischen Gelehrten Muhammad Bahār das gesellschaftskritische Element des Hafis hervor und wollte ihn aufgrund seiner »*rind*-Ideologie« sogar zum Sozialrevolutionär machen.

Das Richtige hat zweifellos schon Friedrich Rückert, der geniale Kenner und Übersetzer orientalischer Poesie, getroffen, wenn er Hafis' Intention in viel zitierten Versen wie folgt charakterisiert:

»Hafis, wo er scheinet Übersinnliches
Nur zu reden, redet über Sinnliches;
Oder redet er, wo über Sinnliches
Er zu reden scheint, nur Übersinnliches?
Sein Geheimnis ist unübersinnlich,
Denn sein Sinnliches ist übersinnlich.«

Ein Wort noch zum Geschlecht des Geliebten. Es hat für europäisches Empfinden etwas Befremdliches, dass Hafis die Liebe offenbar als Knabenliebe feiert. Das soll nicht grundsätzlich bestritten werden; nur einige Einschränkungen seien angeführt. Zunächst einmal: Das Persische kennt im Pronomen der 3. Person Singular keinen Unterschied zwischen den Geschlechtern: *ū* heißt sowohl ›er‹ wie ›sie‹. Ebenso können die Wörter *dūst*, *yār* u. Ä. sowohl den Freund wie die Freundin bezeichnen. Eindeutig männlich ist allerdings der besungene Wangenflaum. Andererseits aber benutzt Hafis gern berühmte Liebespaare wie Laila und Madschnūn, Farhād bzw. Chosro und Schīrīn, Joseph und Suleika als

Symbole für die Liebesbeziehung, ganz »normale« Paare also, denen nur *eine* berühmte Männerfreundschaft, nämlich zwischen dem Sultan Mahmud von Ghasna und seinem Lieblingssklaven Ayas, in wenigen darauf anspielenden Versen gegenübersteht – eine Beziehung übrigens, die schon die mystische Dichtung vor Hafis durch literarische Verwendung geadelt hatte. Vor allem aber ist die fast immer ins Unwirklich-Kosmische übergreifende und damit die Möglichkeit mystischer Deutung implizierende hyperbolische Projektion der Beziehungen zwischen Liebendem und Geliebtem irdischer Realität so entrückt, dass kaum je der Eindruck banaler Anstößigkeit entsteht.

III. Hafis über sich und seine Dichtung

Die Gepflogenheit der persischen Dichter, im letzten Vers eines jeden Ghasel ihren Dichternamen zu nennen, bietet ihnen reichlich Gelegenheit zu Selbstaussagen; doch finden sich solche natürlich auch in anderen Versen. In Hafis' *Diwan* treten dabei mehrere Gesichtspunkte als beherrschend hervor:

1. Hafis ist von Ewigkeit her zum Dichterberuf ebenso wie zu Liebe und ungebundenem Lebenswandel (*rindī*) bestimmt und berufen (Nr. 18, Schluss; 23,4; 26,3).

2. Es ist die Liebe, die ihn reden, d. h. dichten gelehrt hat (Nr. 38,4), die dichterische Berufung ist ihm erst

nach langem Harren in plötzlicher Erleuchtung zuteil geworden (Nr. 54). Er ist ein vom Himmel stammender Vogel (Nr. 56,4; 57,2) – Bild für die in den Käfig des Körpers gesperrte Seele –, der Heilige Geist inspiriert ihn (Nr. 30,4), wobei dieser wiederum nichts anderes zu sein braucht als eine hyperbolische Umschreibung des Geliebten; denn Hafis ist ein »durch die Liebe Verzückter«, ein »Ketzer der Liebe«, der Diesseits und Jenseits für die Liebe dahingegeben (RS III 155,6), dem Liebenden Herz und Seele geopfert hat und dadurch zu einem »bankerotten Liebenden« (RS I 645, Schluss), gleichzeitig aber zu einem Lehrer der »Symbole der Liebe« (RS III 109, Schluss), zu einem Sänger der »Psalmen des Liebesspiels« geworden ist (RS II 89,4). Die Liebe schließt ihm die Tür zur tieferen Bedeutung der Dinge auf (Nr. 18,6), sein Herz ist eine »Schatzkammer der Geheimnisse«, deren Schlüssel beim Geliebten liegt (RS I 701,2), und nur, wo Bedeutung (*maʿnā*) ist, gibt es für Hafis, der statt mit körperlichen Reisen sein Leben als *sair-i maʿnawī*, »geistige Reise«, oder »Reise durch das Reich tieferer Bedeutung« zu verbringen strebt (*RS* II 85,2), wahre Poesie (RS II 193, Schluss).

3. Aber zur Liebe gehört für Hafis untrennbar die *rindi*, das ungebundene Leben, das dem Asketen und Frömmler ein Dorn im Auge ist. Hafis nennt sich mehrmals in einem Atemzug *ʿāšiq* und *rind*, »Liebender und loser Vogel« (*RS* I 123, Schluss; 311, Schluss), und bekennt, dass er sich über »Ehre und Schande« hinwegset-

ze. Man darf freilich das Vagabundentum des Hafis nicht zu wörtlich nehmen, zumal es sich zuweilen mit einer Komponente verbindet, die man als christlich bezeichnen könnte. Hafis rühmt sich dessen, dass er niemand Böses getan habe und dass darauf seine Freiheit beruhe, wie im Quälen der Menschen die eigentliche Ketzerei (Nr. 17,1–3; RS I 147, Schluss; 237,8; II 451,1–3) bestehe. Heuchelei war ihm verhasst (RS I 271,4), und doch musste er sich oft verstellen, die Flasche wie ein gelehrtes Buch unter der Kutte verbergen (RS I 377,3) und sogar den Wein im Schutze dieses Gewandes trinken (RS II 255,8), was ihm begreiflicherweise Verdruss bereitete (RS II 219, Schluss). Aber nicht nur die Karaffe ist unter der Kutte verborgen, sondern etwas noch viel Erstaunlicheres: der *zunnār*, das *zonarion* – im islamischen Mittelalter Erkennungszeichen der Christen und Zoroastrier. Es bleibt am Körper zurück, wenn Hafis beim Betreten der Schenke die Mönchskutte als Pfand an der Pforte abgibt (RS I 463,3).

4. Diese Weltanschauung also berechtigt Hafis, sich als »Schatzkämmerer der Weisheit« zu bezeichnen (RS II 483, Schluss). Weisheit aber ist etwas anderes als der kalte Verstand, »der Greis« (Nr. 48,3), den er als Gegenspieler der Liebe meist negativ beurteilt (Nr. 64,6). Doch Hafis' Ruhm als Dichter beruht nicht zuletzt auf seiner Sprachkunst: Er hat eine wohlklingende Diktion (RS II 61, Schluss), eine Sprache voller Anmut (RS I 537, Schluss), die ihn zum »Meister der Könige des Wortes«

(RS I 731, Schluss), zu einem »Zauberdichter« macht, dessen Fama bereits »bis Rai und Rum (Anatolien), Ägypten und China gedrungen ist« (RS II 355,6; III 141, Schluss). Mit seiner Sprachgewalt bewirkt er, dass nicht nur auf Erden niemand seine Verse vergessen kann (RS I 341, Schluss), dass Trunkene und Nüchterne gleichermaßen zu tanzen beginnen (RS II 3,5) ob dieses Lebenswassers (RS II 185,9), dieses Weines, der im Himmel nicht dargereicht wird (RS I 535,7), sondern dass man auch im Himmel seine Verse auswendig lernt (Nr. 17, Schluss), dass die kreisenden Sphären erst durch seine Lieder recht in Bewegung geraten (Nr. 29, Schluss). Nicht nur Venus, die Musikantin des Himmels, geht bei Hafis in die Lehre (Nr. 47, Schluss), sondern mit ihr wird sogar der spröde Messias durch Hafis' Klänge zum Tanze begeistert (Nr. 43, Schluss). In einem seiner Gedichte sagt Hafis voraus, dass sein Grabmal zu einem Wallfahrtsziel aller »Vagabunden« (*rind*) der Welt werden wird (RS I 457,2). Aber ist Hafis wirklich das Idol der »losen Vögel«? Der moderne persische Gelehrte Ahmad Kasrawi hat seine, wie er glaubt, zersetzende Moral aufs schärfste verurteilt (so, wie ihn im Laufe der Jahrhunderte die Orthodoxie verurteilt hat) und die groteske Behauptung aufgestellt, im Westen werde Hafis nur deswegen bewundert, weil man den Orient in der von ihm besungenen Verfassung moralischer Schwäche zu halten hoffe: »Der *Diwan* des Hafis nutzt ihnen mehr als eine Million Soldaten!« Solche

Gedanken liegen uns fern, und man braucht auch kein »Vagabund« zu sein, um Hafis zu bewundern. Er ist ein überragender Dichter – das genügt.

IV. Zur Übersetzung

Die Schwierigkeit, orientalische Poesie zu übersetzen, kann wohl nur der ermessen, der es selber versucht hat. Geht es doch nicht nur darum, den anspielungsreichen Text in ein verständliches Deutsch zu übersetzen; die Übertragung muss auch »klingen«, sie muss – fast das Schwierigste von allem – den »Ton« treffen, der bei Hafis bald ironisch, bald ernst, bald bacchantisch, bald mystisch-glühend ist. Versucht man darüber hinaus, den gleichbleibenden Endreim beizubehalten, wie manche Übersetzer es mit wechselndem Erfolg getan haben, so beginnt die gestellte Aufgabe der Quadratur des Zirkels zu gleichen.

Grundsätzlich sollte man festhalten, dass man bei der Übertragung aus dem Persischen (ebenso wie aus anderen Sprachen des islamischen Kulturkreises) in eine europäische Sprache stärker explikativ vorgehen muss als bei der Übertragung aus Sprachen des gleichen Kulturkreises. Im Text enthaltene Anspielungen, die dem orientalischen Leser unmittelbar verständlich sind, dürfen in der Übertragung expliziert werden, doch kann das aus ästhetischen Gründen wiederum nicht in jedem Falle geschehen. Anmerkungen lassen sich also nicht völlig vermeiden. Explikation heißt im Übrigen aber nicht Anpassung an vertraute Vorstellungen.

Unsere Auswahl berücksichtigt, neben eigenen Übertragungen, eine Reihe von Übersetzern, deren Bemühungen um Hafis zu Unrecht vergessen wurden oder zu wenig bekannt sind. Es handelt sich dabei durchwegs um gelehrte Dichter oder dichterisch begabte Gelehrte, alle – mehr oder weniger – des Persischen kundig. Hafis-Imitationen, die sich von Form und Geist des Hafis allzu sehr entfernen (Daumer, Bethge u. a.), wurden dagegen nicht berücksichtigt. Für die Auswahl und die verschiedene Anzahl der Proben des jeweiligen Autors war, abgesehen von der erstrebten Vielseitigkeit, vor allem der persönliche Geschmack des Herausgebers maßgebend.

Einige der in unsere Auswahl aufgenommenen Gedichte sind in den neueren kritischen Ausgaben nicht mehr enthalten. Zwar beruhen diese Ausgaben auf älteren Handschriften; eine ältere Handschrift muss jedoch nicht notwendig vollständig sein. Die Echtheit der in den Ausgaben von Ḫalḫālī und Qazwīnī/Ghanī fehlenden Ghaselen (inzwischen gibt es noch rigorosere, noch stärker reduzierte Ausgaben) mag also fraglich sein; ihre Unechtheit ist bisher nicht bewiesen. Fehlt es doch bisher am Nachweis stilistischer Kriterien, die eine sichere Zuschreibung an Hafis gestatten würden. Jedenfalls gibt es auch in den neueren Ausgaben noch

Ghaselen von minderer Qualität, während die dort fehlenden von uns aus Rosenzweig-Schwannaus Ausgabe übernommenen Stücke den besten nach wie vor als authentisch geltenden Ghaselen und Vierzeilern des Hafis nicht nachstehen. Sollten sie dennoch unecht sein, so sind sie jedenfalls typisch für die Inspiration, die Hafis auf spätere Dichter und Kopisten ausgeübt hat (Nr. 10, 24, 45, 52, 61).

Zu beachten ist noch, dass der persische Vers im Deutschen wegen seiner Länge in der Regel als vierversige Strophe erscheint, da zu lange Verse im Deutschen nicht klingen bzw. beim Lesen schwer zu überblicken sind und daher unrhythmisch wirken. Aus diesem Grunde wurden auch die einem persischen Vers entsprechenden langzeiligen Doppelverse der Übersetzungen Rückerts und Keils von uns unterteilt. Die rein graphische Umgestaltung zeigt, dass auch diese Doppelverse im Grunde als vierversige Strophen gedacht sind oder sich jedenfalls so auffassen lassen.

Das erste und berühmteste Ghasel des *Diwan* wurde in mehreren Übertragungen wiedergegeben, um die Problematik des Übersetzens ebenso wie die Vielfalt der Möglichkeiten und Metamorphosen an einem Beispiel zu illustrieren (Nr. 12).

Außer Ghaselen sind eine Reihe von Vierzeilern in die vorliegende Auswahl aufgenommen. Sie sind so angeordnet, dass sie einer Reihe von inhaltlich verwandten Ghaselen jeweils gleichsam als Motto voranstehen.

Infolge der oben erörterten Mehrthemigkeit der meisten Ghaselen ist eine strenge Scheidung nach inhaltlichen Kriterien zwar oft nicht möglich, doch herrscht vielfach ja ein bestimmtes Motiv vor. In diesem Sinne lassen sich zunächst vornehmlich anakreontische von vornehmlich erotischen Ghaselen scheiden und innerhalb dieser wiederum Untergruppen:

Solche, die hauptsächlich unbeschwerte Sinnenfreude besingen (I); andere, in denen der Wein als Initiationsmittel bzw. Enthüller der Rätsel der Welt und des Lebens gepriesen wird (II) oder die Polemik gegen Philister vorherrscht (III); Hymnen auf die bzw. den Geliebte(n) (IV); Elegien, die von Liebesleid und Trennungsschmerz inspiriert sind (V); Ghaselen, in denen Hafis vornehmlich über sich als Dichter, über seine himmlische Herkunft und seine Inspirationserlebnisse spricht – diese verbinden sich eng mit Gedichten, in denen die mystische Liebe im Mittelpunkt steht (VI).

Die sogenannten Mathnawis (längere Gedichte mit von Vers zu Vers wechselndem Reimpaar) sind in unserer Auswahl nicht berücksichtigt, weil sie nicht im Zentrum des Schaffens von Hafis stehen.

Die Orthographie ist in allen Fällen modernisiert worden.

Alphabetisches Verzeichnis der Gedichtanfänge

Inhalt

Anhang